高等职业技术教育"十三五"规划教材——铁道工程技术

# 铁道工程施工图识图技能实训指导书

主　编　马志芳　卢再光　齐　悦

副主编　卞家胜　孙洪硕

主　审　王为林

西南交通大学出版社

·成　都·

**图书在版编目（ＣＩＰ）数据**

铁道工程施工图识图技能实训指导书 / 马志芳，卢
再光，齐悦主编. —成都：西南交通大学出版社，
2019.8（2025.2 重印）
　ISBN 978-7-5643-7043-5

　Ⅰ. ①铁… Ⅱ. ①马… ②卢… ③齐… Ⅲ. ①铁路工
程 – 工程施工 – 识图 – 教材 Ⅳ. ①U215

中国版本图书馆 CIP 数据核字（2019）第 175891 号

Tiedao Gongcheng Shigongtu Shitu Jineng Shixun Zhidaoshu

## 铁道工程施工图识图技能实训指导书

主编　马志芳　卢再光　齐　悦

| | |
|---|---|
| 责 任 编 辑 | 杨　勇 |
| 封 面 设 计 | 何东琳设计工作室 |
| | 西南交通大学出版社 |
| 出 版 发 行 | （四川省成都市二环路北一段 111 号 |
| | 西南交通大学创新大厦 21 楼） |
| 发行部电话 | 028-87600564　028-87600533 |
| 邮 政 编 码 | 610031 |
| 网 　址 | http://www.xnjdcbs.com |
| 印 　刷 | 成都市新都华兴印务有限公司 |
| 成 品 尺 寸 | 370 mm × 260 mm |
| 印 　张 | 11.5 |
| 字 　数 | 282 千 |
| 版 　次 | 2019 年 8 月第 1 版 |
| 印 　次 | 2025 年 2 月第 4 次 |
| 书 　号 | ISBN 978-7-5643-7043-5 |
| 定 　价 | 36.00 元 |

# 前　言

本教材按照高等人才培养目标以及专业教学改革的需要，依据最新政策法规、标准规范进行编写。全书主要内容包括路线平、纵、横断面图识图，铁路路基、轨道施工图识图，桥梁施工图识图，隧道施工图识图及涵洞施工图识图。

本教材在编排上，注重理论与实践相结合，采用案例式教学模式，突出实践环节。将各个学习情境分为若干个学习项目，每个项目由学习目标、基础知识、工程实例、实训项目和联系四部分组成，意在提高学生的学习兴趣，促进学生的全面发展。

全书共设置学习项目六个。项目一由郑州铁路职业技术学院的马志芳老师编写，项目二由郑州铁路职业技术学院的齐悦老师编写，项目三由郑州铁路职业技术学院的马志芳、孙洪硕老师编写，项目四和项目六由郑州铁路职业技术学院的卢再光老师编写，项目五由郑州铁路职业技术学院的卞家胜老师编写。

本教材既可作为高职院校铁道工程专业、高速铁道工程专业、城市轨道交通工程专业的专业识图教材和实训练习册，亦可作为线路、轨道、路基、桥梁、隧道相关课程的实训练习册。本教材在内容体系上充分体现了高等职业教育项目化教学的需要，不仅传授给学生理论知识，更重要的是培养他们的职业能力。

本教材编写过程中，虽经推敲核证，但限于编者的专业水平和实践经验，仍难免有疏漏或不妥之处，恳请广大读者指正。

编　者

2019 年 6 月

# 目　录

# 项目一　路线平、纵、横断面图识图

## 一、实训目的与要求

（1）掌握路线平面图、纵断面图和横断面图识读的方法，能够独立完成实际路线平面图、纵断面图和横断面图的识读。

（2）掌握路线平面图、纵断面图和横断面图的绘制方法，能够独立手绘并能够运用相关绘图软件绘制路线平面图、纵断面图和横断面图。

## 二、配套知识

道路是建在地面上的有曲直、起伏的带状工程构筑物。道路沿长度方向的中心线是一条曲直起伏的空间线，道路路线就是这条中心线。

如图 1-1 所示，路基横断面上距外轨半个轨距的铅垂线 AB 与路肩水平线 CD 的交点 O 在纵向上的连线，称为线路中心线。

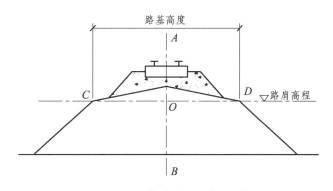

图 1-1　线路中心线示意

因为道路的曲直起伏变化是与地面的起伏变化紧密相连的，所以道路路线工程图的图示方法不同于一般的建筑工程图和机械工程图，通常包括路线平面图、路线纵断面图和路线横断面图。

（1）路线平面图表达路线水平状况（路线走向、曲直形态）以及在线路两侧一定范围内的地形地物情况。将路线画在地形图上，地形用等高线表示，地物用图例表示。由于路线平面图通常采用的比例比较小，所以当所设计的路线宽度按实际尺寸无法画出时，可以在地形图上沿设计路线中心线画一条加粗粗实线（1.4b～2.0b）来表示设计路线的水平状况及长度里程（但不表示路线的宽度），而与设计路线进行方案比较的比较线则用加粗粗虚线（1.4b～2.0b）来表示。

（2）路线纵断面图是表达路线中心线处的地面起伏状况、地质情况、路线纵向设计坡度、竖曲线以及沿线桥涵等构筑物概况的工程图。如图 1-2 所示，用假想的铅垂面沿着路线的中心线进行剖切，并将该剖切面及其与路面、地面的交线展成一平面，即形成路线纵断面展开图，该展开图仅是路线纵断面图的雏形。为了便于施工，需对展开图进行修正，修正方法是：首先，将展开中的路面设计线在水平横轴上的投影长度改换成路线的里程长度，而纵向标高不变；然后，按修正后的数据，采用纵向比例比横向比例放大 10 倍的方式绘制出纵断面图，即为实际的路线纵断面图。

图 1-2　路线纵断面图形成示意

（3）路线横断面图，也叫路基横断面图，是在路线中心桩处用一垂直于路线中心线的假想铅垂面对道路进行横向剖切而形成的断面图。它由地面线和设计线围成。设计线由路基宽度线和边坡线（或边沟线）组成，均用粗实线表示；原有地面线应采用细实线表示；设计或原有路面中线应采用细点画线表示。路线横断面图表达路线横向地面起伏状况和路基横断面形状、填挖高度、填挖面积、中心标高和边坡坡度等。它主要用于计算路基土石方量和作为路基施工时的依据。路基横断面视设计线和地面线的相对位置的不同，有 3 种基本形式：填方路基（设计线全部在地面线以上，见图 1-3）、挖方路基（设计线全部在地面线以下，见图 1-4）、半填半挖路基（设计线部分在地面线以上，部分在地面线以下）。

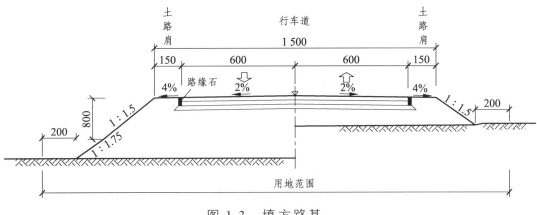

图 1-3　填方路基

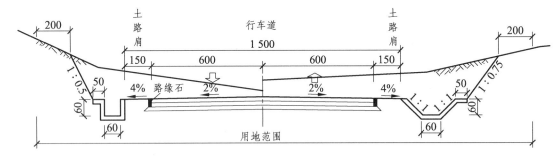

图 1-4　挖方路基

# 三、路线工程图识图

道路路线工程图通常包括路线平面图、路线纵断面图和路线横断面图。

## （一）路线平面图

图 1-5 是某段路线平面图，下面结合此图进行路线平面图识图。

路线平面图包括两部分：地形部分和路线部分。

### 1. 地形部分

路线平面图中的地形部分是路线布线设计的客观依据，必须反映下述 3 点内容。

#### 1）比　例

为使路线平面图较清晰地表达路线及地形、地物状况，通常根据地形起伏变化程度的不同，采用不同的比例。在山岭地区采用 1：2 000；在丘陵和平原地区采用 1：5 000。图 1-5 采用的比例为 1：2 000。

#### 2）指北标志（习惯称指北针）

路线平面图上应画出指北标志或坐标网，两者任选其一即可。以此来指出道路所在地区的方位和走向，也为拼接图纸时提供核对依据。

指北标志的圆周用细实线绘制，直径 24 mm，指针尾端宽 3 mm，指针尖端要指向正北方向；需绘制较大直径的指北标志时，其指针尾端宽度应为直径的 1/8。在指针的尖端处应标注"北"字或"N"，字头应朝向指针指示的方向。

#### 3）地形、地物

地形的起伏变化及其变化程度是用等高线来表示的。等高线密集，表示地势陡峻；等高线稀疏，表示地势平缓。相邻两条等高线之间的高差为 2 m，每隔 4 条较细的等高线就应有一条较粗的等高线，称为计曲线。标高数值就标注在计曲线上，其字头朝向上坡。在路线平面图中，地物按统一的图例来表示，常用的图例如表 1-1 所示。

表 1-1　常用图例表

| 名　称 | 图　例 | 名　称 | 图　例 | 名　称 | 图　例 |
|---|---|---|---|---|---|
| 房　屋 |  | 涵　洞 |  | 水稻田 |  |
| 大车路 |  | 桥　梁 |  | 草　地 |  |
| 小　路 |  | 渡　口 |  | 经济林 |  |
| 堤　坝 |  | 旱　田 |  | 疏　林 |  |
| 河　流 |  | 沙　滩 |  | 人工开挖 |  |
| 铁　路 |  | 菜　地 |  | 高压电力线<br>低压电力线 |  |

### 2. 路线部分

路线用加粗实线沿路线中心线画出。该部分主要表示路线的水平曲直走向状况、里程及平曲线要素等内容。

#### 1）路线的走向

在地形图上自左向右沿中心线表达路线走向。

从图 1-5 中可以看出路线从西南 K16+200 m 山坡上较平缓地带向北偏东走向，再右转 35°34′32.8″向东走向。

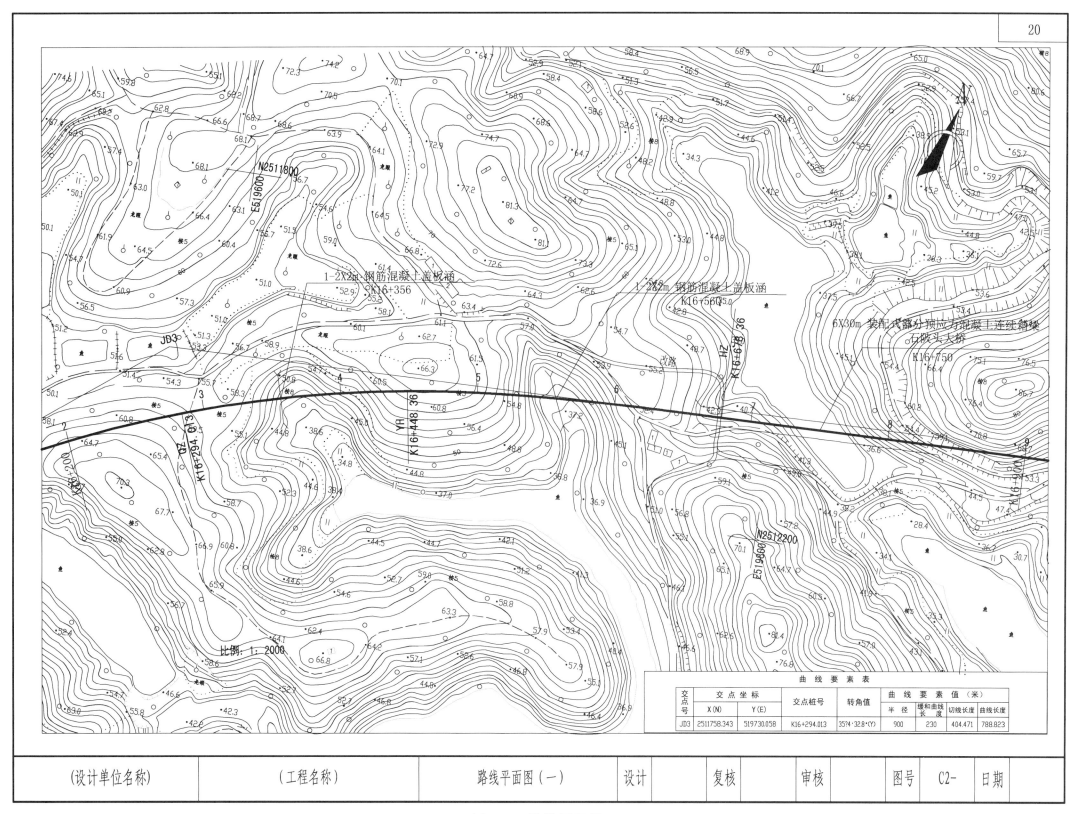

曲线要素表

| 交点号 | 交 点 坐 标 | | 交点桩号 | 转角值 | 曲 线 要 素 值 （米） | | | |
|---|---|---|---|---|---|---|---|---|
| | X(N) | Y(E) | | | 半 径 | 缓和曲线长度 | 切线长度 | 曲线长度 |
| JD3 | 2511758.343 | 519730.058 | K16+294.013 | 35º4′32.8″(Y) | 900 | 230 | 404.471 | 788.823 |

| (设计单位名称) | (工程名称) | 路线平面图（一） | 设计 | 复核 | 审核 | 图号 | C2- | 日期 |

图 1-5  路线平面图

## 2）里程桩号

为表示路线总长度及各路段的长度，在路线上从路线起点到终点沿前进方向的一侧每 1 000 m 处设公里标，垂直路线设置，在上边注写千米数值，如 K16 即 16 km。公里标之间沿前进方向的另一侧每百米处以垂直路线的细短线设百米标，百米数值注写在细短线的端部且字头朝向上方，如 K16+300，表示 16 km+300 m 的位置（K 代表千米；"+"号前为千米数，后为米数）。

## 3）曲线表

当路线转弯时，要标注路线转折的顺序编号，即交角点编号，如 JD3 表示第 3 号交角点。按设计要求在转弯处需设有平曲线。平曲线有时是圆弧曲线，需标注曲线的起点 ZY（直圆）、中点 QZ（曲中）和终点 YZ（圆直），如图 1-6 所示。根据设计要求有时需要在圆弧曲线和直线段连接处，即在 ZY 和 YZ 处插入缓和曲线，并需标注出 ZH（直缓）、HY（缓圆）、QZ（曲中）、YH（圆缓）和 HZ（缓直）的位置，如图 1-7 所示。图中表示平曲线各特征点的字母是各特征点汉语拼音的缩写。

$$T_y = R \cdot \tan \frac{\alpha}{2} \quad (\text{m})$$

$$L_y = \frac{\pi \cdot \alpha \cdot R}{180°} \quad (\text{m})$$

$$E_y = R \cdot \left( \sec \frac{\alpha}{2} - 1 \right) \quad (\text{m})$$

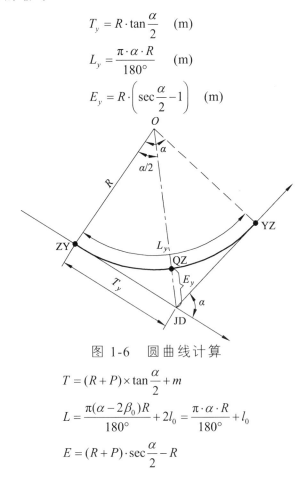

图 1-6　圆曲线计算

$$T = (R+P) \times \tan \frac{\alpha}{2} + m$$

$$L = \frac{\pi(\alpha - 2\beta_0)R}{180°} + 2l_0 = \frac{\pi \cdot \alpha \cdot R}{180°} + l_0$$

$$E = (R+P) \cdot \sec \frac{\alpha}{2} - R$$

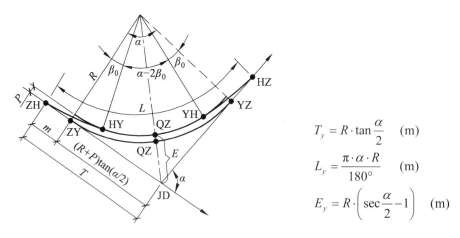

$$T_y = R \cdot \tan \frac{\alpha}{2} \quad (\text{m})$$

$$L_y = \frac{\pi \cdot \alpha \cdot R}{180°} \quad (\text{m})$$

$$E_y = R \cdot \left( \sec \frac{\alpha}{2} - 1 \right) \quad (\text{m})$$

图 1-7　缓和曲线计算

我国铁路曲线的基本形式是：直线—缓和曲线—圆曲线—缓和曲线—直线。

在每张路线平面图的适当位置，还需列出曲线表，如图 1-5 所示。表中需列出各平曲线的要素：交角点（JD）号、转角或称偏角（$\alpha_y$ 表示右偏角）、曲线半径（$R$）、切线长（$T$）、曲线总长（$L$）、缓和曲线长（$l$）等。以上长度均以 m 计。曲线总长 $L$ 等于圆弧曲线长加上两个缓和曲线长；若无缓和曲线时，曲线总长 $L$ 就等于圆弧曲线长。

## （二）路线纵断面图

图 1-8 是某段路线纵断面图，下面结合此图进行路线纵断面图识图。

路线纵断面图的内容包括两部分：图样部分和资料表部分。

### 1. 图样部分

图样画在图纸的上方，其内容有：

### 1）比　例

纵断面图的水平横向表示里程，铅垂纵向表示标高，且纵向比例比横向比例放大数倍，这样画出的地面线和设计线虽然不符合实际，但它能清晰地显示出地面线和设计线的纵向起伏变化情况。一般在山岭地区横向采用 1：2 000、纵向采用 1：200，在丘陵和平原地区横向采用 1：5 000、纵向采用 1：500。纵横比例标注在图样部分左侧的竖向标尺处。图 1-8 采用的横向比例为 1：2 000，竖向比例为 1：400。

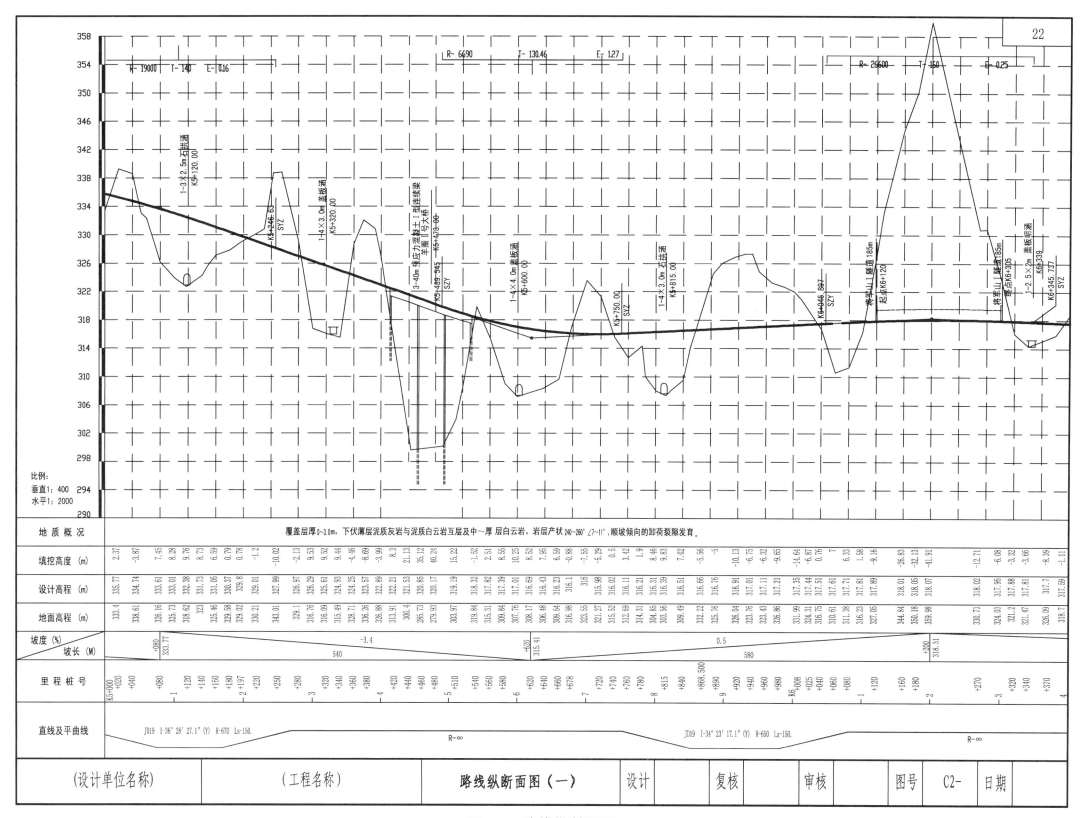

图 1-8 路线纵断面图

### 2）地面线

图中用细实线画出的折线是地面线。它是设计的路线中心线处原地面上一系列中心桩的连线。具体画法是将水准测量测得的各桩高程，按纵向 1：400 的比例将各点绘在相应的里程桩上，然后依次把各点用细实线连接起来，即为地面线。

### 3）设计线

图中直线与曲线相间的粗实线，称设计坡度线，简称设计线。它是按道路等级，根据相关规范和标准设计出来的，表达的是路基中心线的设计高程。设计线应采用粗实线画出。

### 4）竖曲线

设计纵坡变更处称变坡点，用直径为 2 mm 的中粗线（0.5$b$）圆圈表示。当相邻两纵坡之差的绝对值超过规定数值时，在变坡点处应设置圆弧竖曲线。与竖曲线相切的切线应采用细虚线画出。竖曲线分凸形曲线和凹形曲线两种，分别用 ⌐⊤ 和 ⌐⊥ 符号表示。该符号用细实线绘制在设计线上方，其中：水平细线长等于竖曲线长 $L$，在细线上方标注曲线半径 $R$、切线长 $T$、外距 $E$ 的数值；两端竖细线长 3 mm，并对准竖曲线的起点和终点桩号；中间竖细线长 20 mm，且对准变坡点的桩号，在长细线左侧标注变坡点桩号，在右侧标注变坡点高程。

### 5）桥涵构筑物

当路线上有桥涵时，应在地面线上边和设计线下边，并对正桥涵的中心桩号，用符号 ⊤⊤ 和 ○ 分别表示桥梁和涵洞。同时，应在设计线上方或下方的空白处对准桥涵的中心位置，用细实线画竖直引出线和水平标注线。在引出线的一侧标注桥涵的中心桩号，在另一侧标注桥涵的规格及名称。

## 2. 资料表部分

资料表应和图样按上下方向一一对正，不能错位。资料表的内容可根据不同设计阶段和不同道路等级的要求而增减，通常包括下述 8 栏内容：

### 1）地质概况

在该栏中标出沿线的地质概况，为设计施工提供简要的地质资料。

### 2）坡度/距离

该栏表示设计线的纵向坡度及坡长（即距离）。每一分格为一种坡度，对角线左低右高为上坡，反之为下坡；对角线上边数值，正为上坡，负为下坡；对角线下边数值为该坡段坡长，单位是 m；平坡时，在分格中间画一条水平线，线上坡度数值为零，线下标注该平坡路段长度。各分格竖线应与各变坡点桩号对齐。

### 3）挖 深

对正各挖方路段桩号，将地面高程与设计高程之差值标出，单位是 m。

### 4）填 高

对正各填方路段桩号，将设计高程与地面高程之差值标出，单位是 m。

### 5）设计高程

对正各桩号，将设计高程标出，单位是 m。

### 6）地面高程

对正各桩号，将地面高程标出，单位是 m。

### 7）桩 号

将各桩在路线上的里程数标出，单位是 m。各桩无顺序编号，其里程即为其桩号。

### 8）平曲线

将其对应的路线平面图示意画出。直路段用该栏中间水平细实线表示，左转或右转的曲路段分别用下凹或上凸的细实折线表示。

## （三）路线横断面图

图 1-9 为某新建道路标准横断面图。从图中可以看出：道路设计线高于原地面线，为填方路基；道路布置为 0.75 m 防撞墙+2 m 人行道+0.5 m 路缘带+3×3.75 m 行车道+0.5 m 路缘带+0.5 m 中央分隔带+0.5 m 路缘带+3×3.75 m 行车道+0.5 m 路缘带+2 m 人行道+0.75 m 防撞墙，总宽 30.5 m；道路由中间向两边设 2%横向排水坡度；不设路基边坡，而是用挡土墙的方式进行边坡防护。此图是标准横断面图，各个桩号的路基填方高度查表或相应的路线纵断面图；

道路外侧设护坡道和边沟，尺寸如图所示。

图 1-10 为某扩建道路标准横断面图。从图中可以看出：在原有道路两侧进行加宽，道路设计线高于原地面线，为两侧加宽填方路基；道路布置为 0.75 m 护栏+2 m 人行道+0.5 m 路缘带+2×3.75 m 行车道+0.5 m 路缘带+2 m 中央分隔带+0.5 m 路缘带+2×3.75 m 行车道+0.5 m 路缘带+2 m 人行道+0.75 m 护栏，总宽 24.5 m，原有路基宽度 16.5 m，向两侧各加宽 4 m；道路行车道由中间向两边设 2%横向排水坡度，人行道向内侧设 3%横向排水坡度。此图是标准横断面图，各个桩号的路基填方高度查表或相应的路线纵断面图；路基高度小于 8 m 时，设单层路基边坡，边坡坡度为 1:1.5；路基高度大于 8 m 时，设双层路基边坡，上层边坡坡度为 1:1.5，下层边坡坡度为 1:1.75；道路外侧设护坡道和边沟，尺寸如图所示。

图 1-11 为某扩建道路标准横断面图。从图中可以看出：在原有道路两侧进行加宽，道路设计线低于原地面线，为两侧加宽挖方路基；道路布置为 0.75 m 护栏+2 m 人行道+0.5 m 路缘带+2×3.75 m 行车道+0.5 m 路缘带+2 m 中央分隔带+0.5 m 路缘带+2×3.75 m 行车道+0.5 m 路缘带+2 m 人行道+0.75 m 护栏，总宽 24.5 m，原有路基宽度 16.5 m，向两侧各加宽 4 m；道路行车道由中间向两边设 2%横向排水坡度，人行道向外侧设 3%横向排水坡度。此图是标准横断面图，各个桩号的路基挖方高度查表或相应的路线纵断面图；路堑边坡采用阶梯式开挖，每级台阶高度为 8 m，设 2 m 宽的平台，图中 $n$ 为边坡坡率，第一级路堑边坡坡率为 1:0.75，第二级边坡坡率为 1:1.0，第三级边坡坡率采用 1:1.25；图中 $m$ 为原挖方路堑边坡的坡率；道路外侧设护边沟和碎落台，尺寸如图所示。

以上均为公路横断面图，铁路横断面图和公路原理一致，只是路面布置不同，在项目二中详细介绍。

# 四、实训项目

（1）图 1-12 为某路线的一段路线平面图，识图，回答下列问题：

① 粗实线表示的是什么？粗虚线表示的是什么？

② $JD_0$ 表示的是什么？$JD_1$ 表示的是什么？

③ 比较线的起点桩号为多少？

④ 比较线 $JD_1$ 的曲线半径为多少？缓和曲线长度为多少？切线长度为多少？曲线长度为多少？ZH 点、HY 点、QZ 点的桩号分别为多少？试计算出 YH 点、HZ 点的桩号。

⑤ 在桩号 K51+810 处有 1～6 m 机耕通道，具体指什么？

⑥ 试计算出正线 YH 点、HZ 点桩号。

（2）图 1-13 为某路线的一段路线纵断面图，识图，回答下列问题：

① 该图的比例是多少？

② 图形部分中，粗实线表示的是什么？粗虚线表示的是什么？细实线是什么？

③ 该段线路的起点桩号是多少？终点桩号是多少？

④ 该段线路有几个纵曲线？各自的曲线要素是什么？

⑤ 该段线路中有桥涵吗？有几个？具体结构形式是什么？

⑥ 该段线路的地质概况怎么样？

⑦ 该段线路的最大填高是多少？最大挖深是多少？

⑧ 在坡度/坡长表里，2.730、630.00、−0.800、70.00 分别代表什么？

⑨ 直线及平曲线表里，粗实线代表什么？粗实线下方的字母或数字代表什么？

⑩ 选择合适的比例，抄绘图 1-13。

（3）图 1-14 为某新建道路的标准横断面图，识图，回答下列问题：

① 该路基的形式为哪种？

② 该图路面具体布置方式为哪种？

③ 路面排水坡度为多少？

④ 路基边坡坡度为多少？

⑤ 选择合适的比例，抄绘图 1-14。

（4）图 1-15 为某扩建道路的标准横断面图，识图，回答下列问题：

① 原路基的形式为哪种？加宽方式为哪种？

② 该图路面具体布置方式为哪种？

③ 路面排水坡度为多少？

④ 路基边坡坡度为多少？

⑤ 选择合适的比例，抄绘图 1-15。

（5）图 1-16 为某扩建道路的标准横断面图，识图，回答下列问题：

① 原路基的形式为哪种？加宽方式为哪种？

② 该图路面具体布置方式为哪种？

③ 路面排水坡度为多少？

④ 路基边坡坡度为多少？

⑤ 选择合适的比例，抄绘图 1-16。

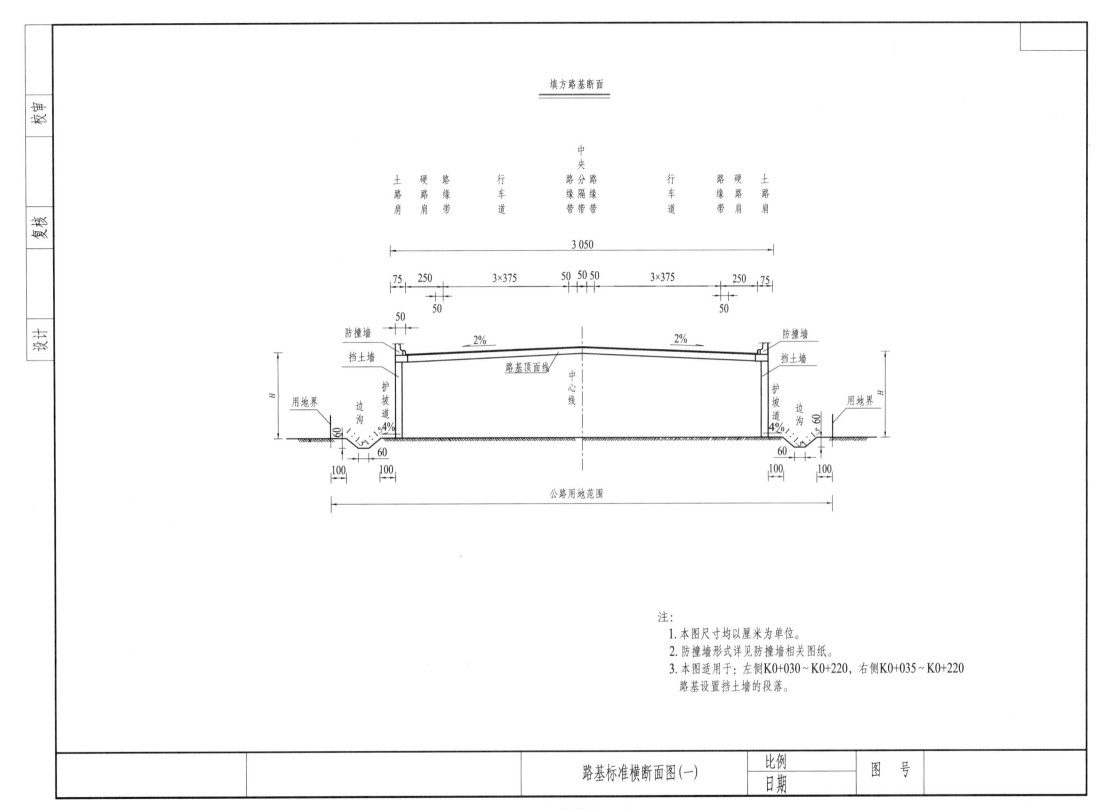

填方路基断面

注:
1. 本图尺寸均以厘米为单位。
2. 防撞墙形式详见防撞墙相关图纸。
3. 本图适用于: 左侧K0+030~K0+220, 右侧K0+035~K0+220
路基设置挡土墙的段落。

| | 路基标准横断面图(一) | 比例 | 图 号 | |
|---|---|---|---|---|
| | | 日期 | | |

图 1-9　标准横断面图

# 两侧加宽填方段路基标准横断面

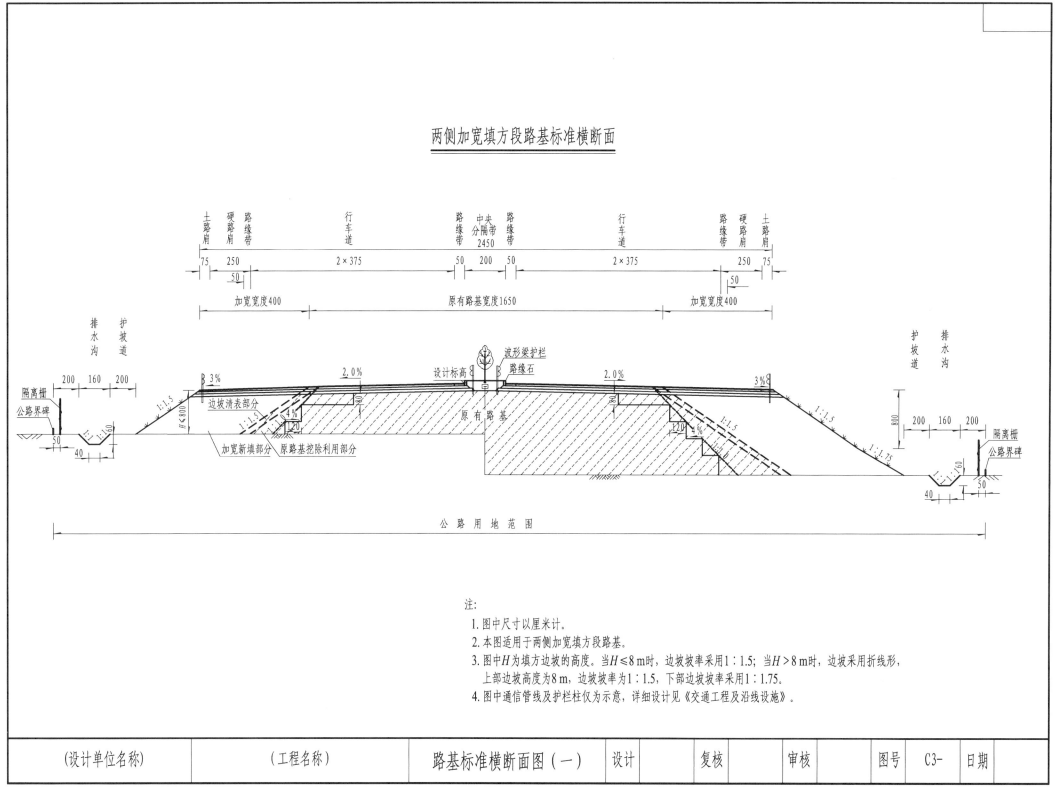

注：
1. 图中尺寸以厘米计。
2. 本图适用于两侧加宽填方段路基。
3. 图中H为填方边坡的高度。当H≤8 m时，边坡坡率采用1：1.5；当H＞8 m时，边坡采用折线形，
   上部边坡高度为8 m，边坡坡率为1：1.5，下部边坡坡率采用1：1.75。
4. 图中通信管线及护栏柱仅为示意，详细设计见《交通工程及沿线设施》。

| (设计单位名称) | (工程名称) | 路基标准横断面图（一） | 设计 | | 复核 | | 审核 | | 图号 | C3- | 日期 | |

图 1-10　两侧加宽填方路基标准横断面图

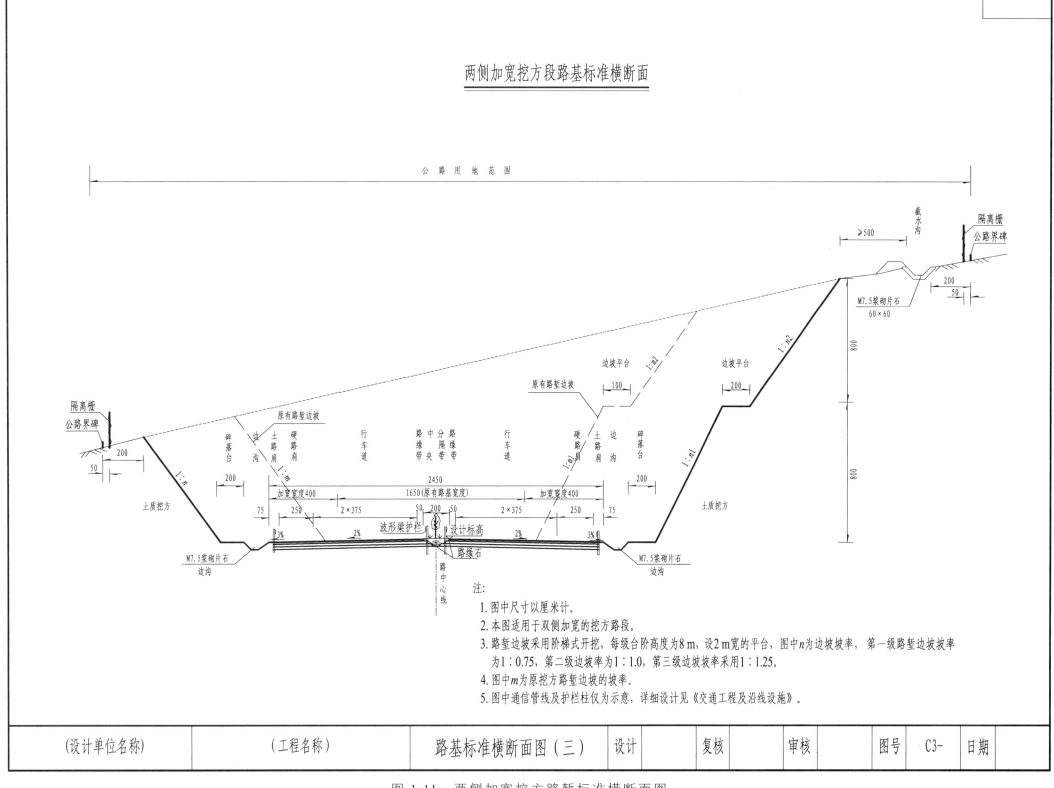

## 两侧加宽挖方段路基标准横断面

注:
1. 图中尺寸以厘米计。
2. 本图适用于双侧加宽的挖方路段。
3. 路堑边坡采用阶梯式开挖,每级台阶高度为8m,设2m宽的平台,图中n为边坡坡率,第一级路堑边坡坡率为1:0.75,第二级边坡率为1:1.0,第三级边坡坡率采用1:1.25。
4. 图中m为原挖方路堑边坡的坡率。
5. 图中通信管线及护栏柱仅为示意,详细设计见《交通工程及沿线设施》。

| (设计单位名称) | (工程名称) | 路基标准横断面图(三) | 设计 | | 复核 | | 审核 | | 图号 | C3- | 日期 | |
|---|---|---|---|---|---|---|---|---|---|---|---|---|

图 1-11 两侧加宽挖方路堑标准横断面图

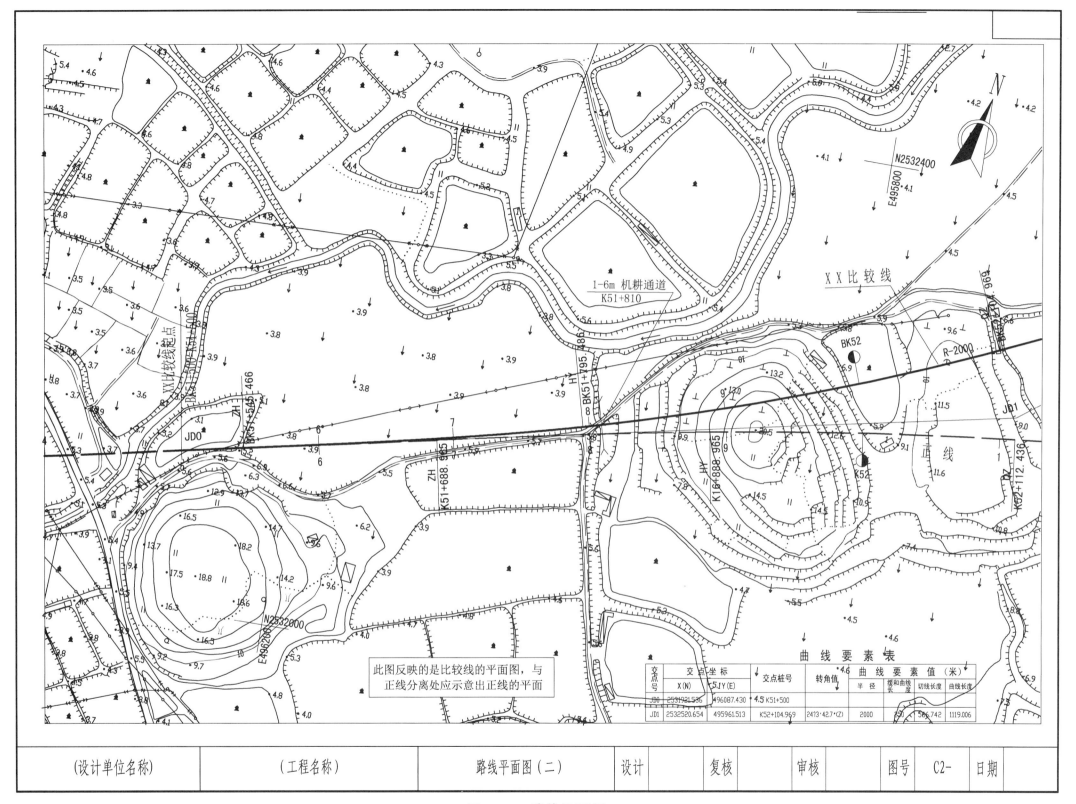

此图反映的是比较线的平面图，与正线分离处应示意出正线的平面

**曲线要素表**

| 交点号 | 交点坐标 | | 交点桩号 | 转角值 | 曲线要素值（米） | | | |
|---|---|---|---|---|---|---|---|---|
| | X(N) | Y(E) | | | 半径 | 缓和曲线长度 | 切线长度 | 曲线长度 |
| JD0 | 2531921.536 | 496087.430 | K51+500 | | | | | |
| JD1 | 2532520.654 | 495961.513 | K52+104.969 | 24°13′42.7″(Z) | 2000 | | 565.742 | 1119.006 |

1-6m 机耕通道 K51+810

ХХ比较线

正线

R-2000

| （设计单位名称） | （工程名称） | 路线平面图（二） | 设计 | 复核 | 审核 | 图号 | C2- | 日期 |
|---|---|---|---|---|---|---|---|---|

图 1-12 路线平面图

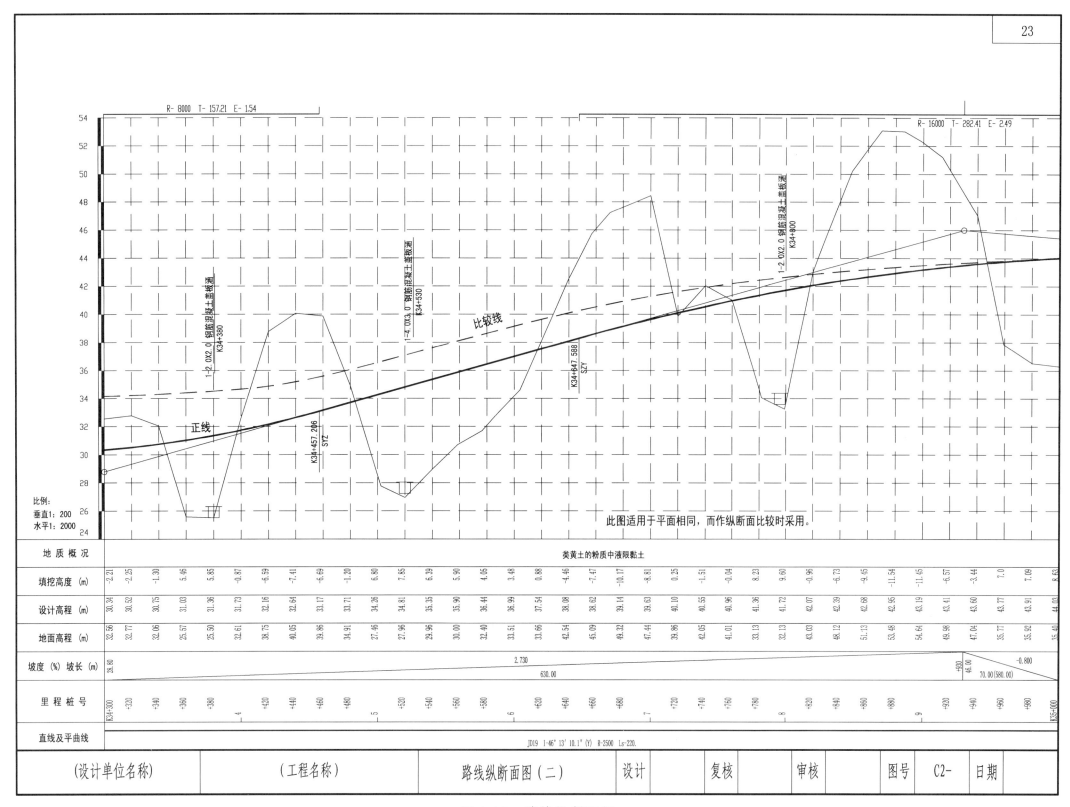

图 1-13 路线纵断面图

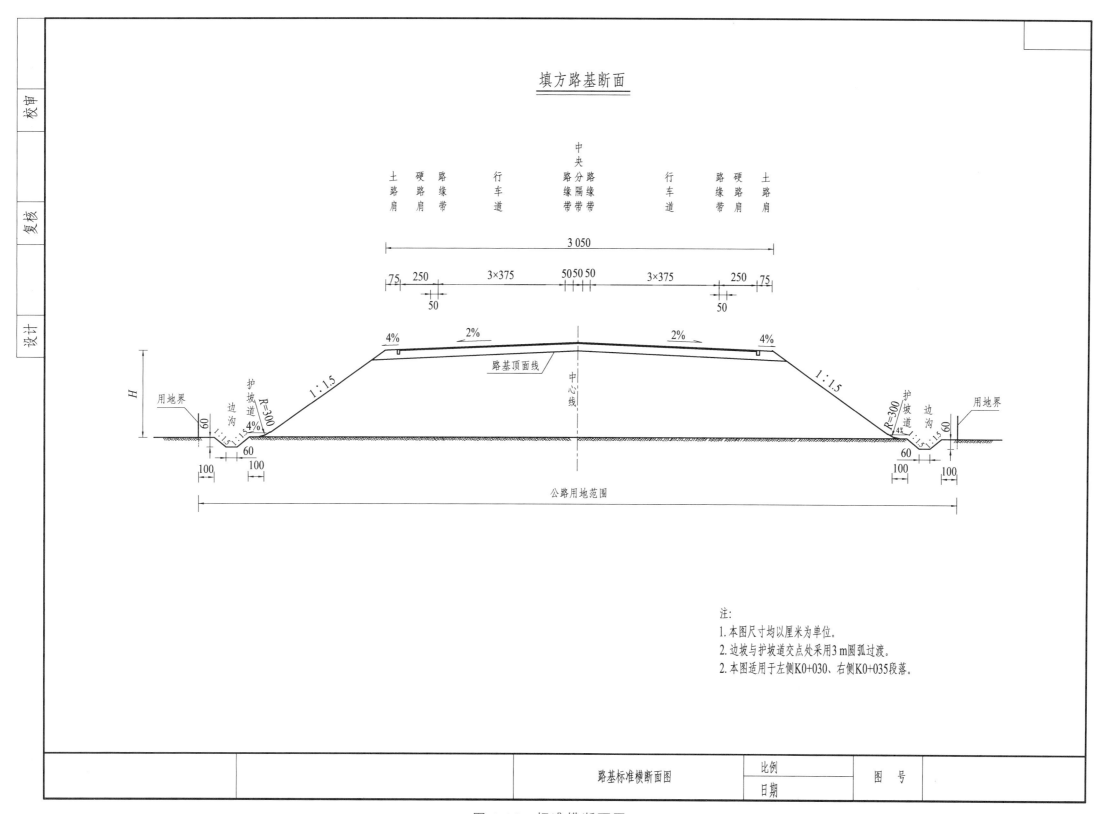

图 1-14 标准横断面图

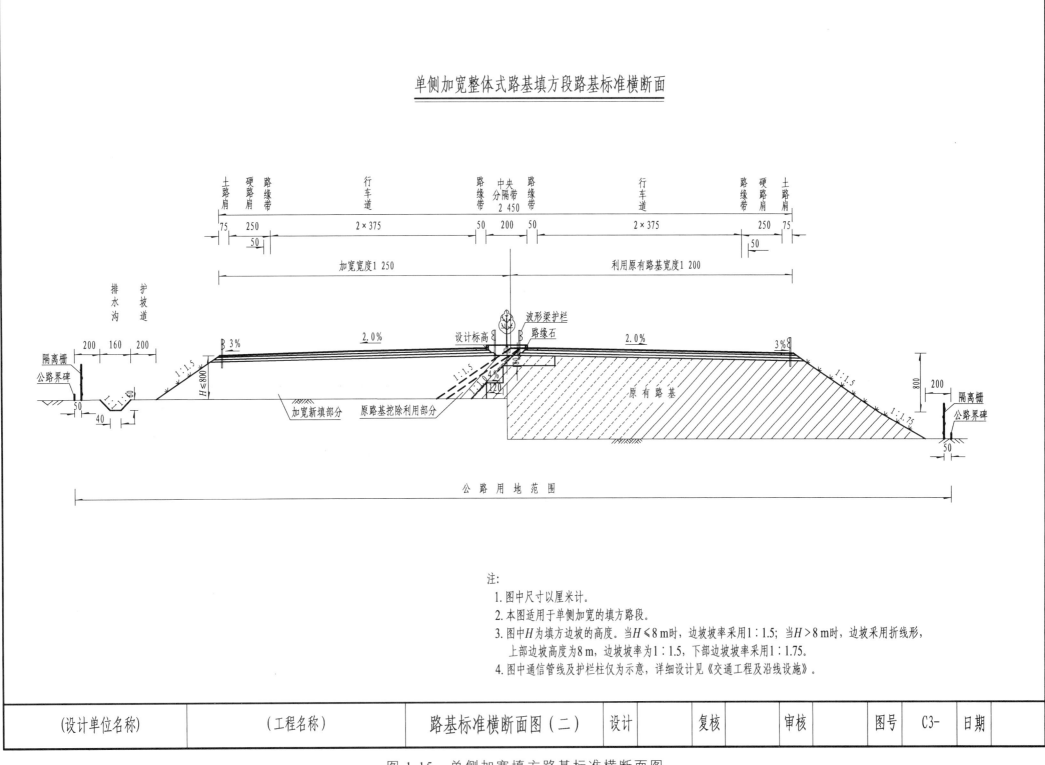

## 单侧加宽整体式路基填方段路基标准横断面

注:
1. 图中尺寸以厘米计。
2. 本图适用于单侧加宽的填方路段。
3. 图中H为填方边坡的高度。当H≤8m时,边坡坡率采用1∶1.5;当H>8m时,边坡采用折线形,
　上部边坡高度为8m,边坡坡率为1∶1.5,下部边坡坡率采用1∶1.75。
4. 图中通信管线及护栏柱仅为示意,详细设计见《交通工程及沿线设施》。

| (设计单位名称) | (工程名称) | 路基标准横断面图(二) | 设计 | | 复核 | | 审核 | | 图号 | C3- | 日期 | |

图 1-15　单侧加宽填方路基标准横断面图

# 单侧加宽整体式路基挖方段路基标准横断面

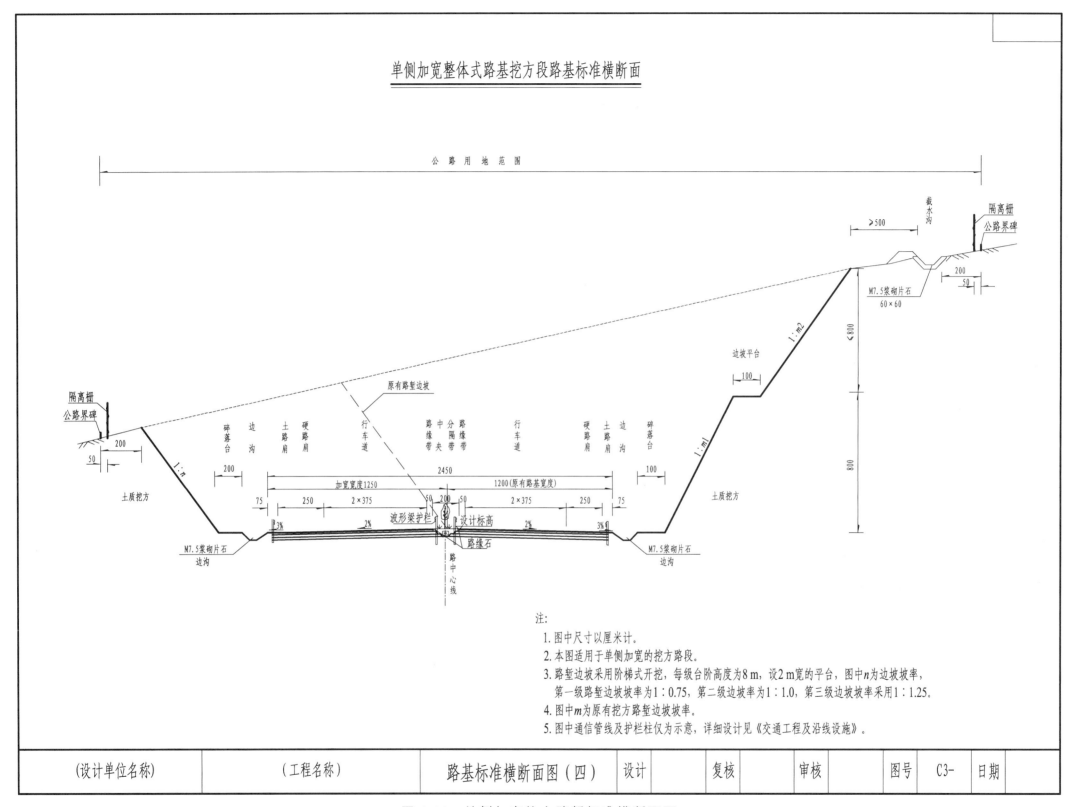

注：
1. 图中尺寸以厘米计。
2. 本图适用于单侧加宽的挖方路段。
3. 路堑边坡采用阶梯式开挖，每级台阶高度为8 m，设2 m宽的平台，图中n为边坡坡率，
   第一级路堑边坡坡率为1∶0.75，第二级边坡率为1∶1.0，第三级边坡坡率采用1∶1.25。
4. 图中m为原有挖方路堑边坡坡率。
5. 图中通信管线及护栏柱仅为示意，详细设计见《交通工程及沿线设施》。

| (设计单位名称) | (工程名称) | 路基标准横断面图（四） | 设计 | | 复核 | | 审核 | | 图号 | C3- | 日期 | |

图 1-16　单侧加宽挖方路堑标准横断面图

# 项目二　铁路路基、轨道施工图识图

## 一、实训目的与要求

（1）掌握铁路路基、轨道施工图识读的方法，能够独立完成实际铁路路基、轨道施工图的识读。

（2）掌握铁路路基、轨道施工图的绘制方法，能够独立手绘并能够运用相关绘图软件绘制铁路路基、轨道施工图。

## 二、配套知识

### （一）路基施工图

#### 1. 基础知识

在进行路基设计时，先要进行横断面设计。路基横断面是指垂直于线路中心线截取的断面。路基横断面设计要解决的主要问题是确定横断面各部分的形状和尺寸。横断面确定以后，再全面综合考虑路基工程在纵断面上的配合以及路基本体工程与其余各项工程的配合等。

路基的结构形式一般通过路基横断面图来表示。根据其所处的地形条件不同，有两种基本形式：路堤[图 2-1（a）、图 2-2（a）]和路堑[图 2-1（b）、图2-2（b）]。

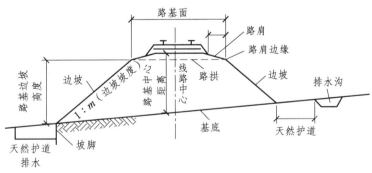

（a）路　堤

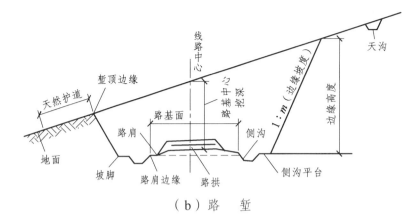

（b）路　堑

图 2-1　路堤、路堑示意图

（a）路　堤

（b）路　堑

图 2-2　路堤和路堑

#### 1）路基本体

在各种路基形式中，为了能按线路设计要求铺设轨道而构筑的部分，称为路基本体。路基本体由路基面、路肩、基床、边坡、基底几部分组成。

路基面：能直接在路基上面铺设轨道的部分及路肩称为路基顶面，简称路基面。在路堤中，路基顶面即路堤堤身的顶面，也称路堤顶面；在路堑中，路基顶面为堑体开挖后形成的构造面。

路肩：路基顶面中，道床覆盖以外的部分。路肩的作用包括：保护路堤受力的堤心部分；防止道砟滚落；保持路基面的横向排水；供养护维修人员行走、避车，放置养护机具；供防洪抢险临时堆放砂石料；埋设各种标志、通信信号、电力给水设备等。

基床：路基上部受列车动荷载及水文气候变化影响较大的土层，其状态直接影响列车运行的平稳和速度的提高。基床分为表层及底层。

边坡：路基两侧的边线，边坡常修筑成直线形、折线形和阶梯形。边坡与地面的交点，在路堤中称为坡脚，在路堑中称为堑顶边缘。

基底：基底即为路基的地基，也即路堤下地基内承受路堤及轨道、列车等荷载作用的部分。

2）路基附属设备

排水工程：为了保持路基稳定，使路基能经常处于干燥和坚固状态，应将可能停滞在路基范围内的地面和地下水及时排除，并防止路基范围外的水流入或渗入路基范围内。路基排水设施分为地面排水设施和地下排水设施。如图 2-1（a）中的排水沟和图 2-1（b）中的侧沟、天沟，均属于地面排水设施。

防护、加固工程：路基边坡施工完成后，在长期的自然风化营力和雨水冲刷作用下，将发生溜坍、掉块和冲沟等坡面变形和破坏。而修建在河滩上和水库边的路堤，必然经常地或周期性地受到水流的冲刷作用，路基边坡的稳定将受到很大的影响或破坏。因此，要采取必要的防护、加固措施对边坡进行保护，以保证边坡的稳定。

**2. 铁路路基施工图示例**

路基横断面图的几何关系如图 2-3 所示。

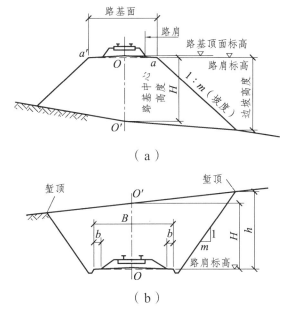

图 2-3　路基横断面图的几何关系

图中包含如下尺寸：

1）路基面宽度

水的危害是造成路基病害的重要原因，保证良好的排水条件是路基设计的重要原则。因此，路基面应做成有横向排水坡的拱状，称为路拱，如图 2-4 所示，以利于排除雨水，避免路基面处积水使土浸湿软化造成病害。路拱的形状为三角形，由路基中心线向两侧设 4% 的人字形排水坡。

路基面宽度等于道床覆盖的宽度加上两侧路肩的宽度之和，即图 2-3（a）中左右两侧路基顶肩 $a$、$a'$ 的水平距离和图 2-3（b）中的 $B$。路基顶肩为路肩与边坡的交点。

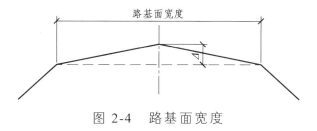

图 2-4　路基面宽度

2）路肩宽度

路基面上没有被道床覆盖的两侧即为路肩，其水平宽度即为路肩宽度，如图 2-3（b）中的 $b$。《路基设计规范》规定速度 160 km/h 以内的Ⅰ、Ⅱ级铁路的路肩宽度为：路堤不应小于 0.8 m，路堑不应小于 0.6 m。

3）路肩高程

路肩高程即为路基顶肩的高程，如图 2-3（a）中的路肩标高。

4）路基高程

线路中心线的高程即为图 2-3（a）中左右两侧顶肩的连线 $aa'$ 与横断面中线的交点 $O$ 的高程，即路基高程，又因其高程和路肩高程相同，故常用路肩高程代替路基高程。

5）路基中心高度

路基中心高度即横断面上 $O$ 点所表示的高度，也就是纵断面图上线路中心线所表示的填挖高度，如图 2-3（a）、（b）中的 $H$。

6）边坡高度

路堤的边坡高度为路肩高程与坡脚高程之差，而路堑边坡高度为堑顶高程与路肩高程之差。如果左右两侧的边坡高度不等，则规定以大者代表横断面的边坡高度，如图 2-3（b）中的 $h$。

7）边坡坡度

边坡坡度指每一坡段的斜率，即边坡上下两点间的高差与水平距离之比，当高差为 1 单位长时，水平距离折算为 $m$ 单位长，则斜率为 $1:m$。在路基工程中，以 $1:m$ 方式表示边坡坡度。

## （二）轨道施工图

轨道结构是列车行驶的基础，能引导列车运行，直接承受车轮的动压力，并将其传到路基上。目前使用的轨道结构可分为有砟轨道和无砟轨道两种。

### 1．有砟轨道

有砟轨道一般由钢轨、轨枕、联结零件、碎石道床、防爬设备、道岔等部件组成，如图 2-5 所示。

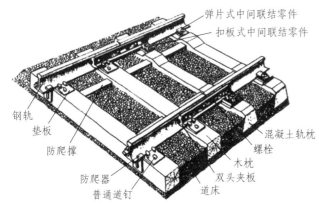

图 2-5　有砟轨道结构

钢轨是铁路轨道的主要部件，其作用是引导机车车辆车轮前进，承受车轮的巨大压力并传递到轨枕上，在电气化铁路或自动闭塞区段兼作轨道电路。钢轨类型一般以取整后的每米质量（kg/m）来分类。我国目前使用的标准钢轨有 43、50、60、75 kg/m。最常用的钢轨断面形式是工字形断面，由轨头、轨腰、轨底三部分组成，如图 2-6 所示。

轨枕的功用是保持钢轨的位置、方向和轨距，并将它承受的来自钢轨的各向力均匀地分布到道床上。轨枕按材质可分为木枕、混凝土枕和钢枕，按使用目的可分为用于一般区间的普通轨枕、用于桥梁上的桥枕、用于道岔上的岔枕。目前我国多采用预应力混凝土轨枕，分为 I、II、III 型。III 型混凝土枕结构形式如图 2-7 所示，包括立面图、平面图、底面图、端面图。

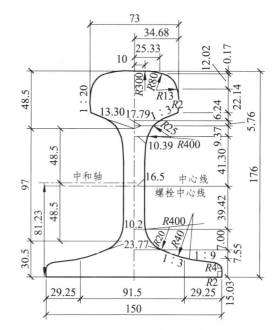

图 2-6　60 kg/m 钢轨断面图

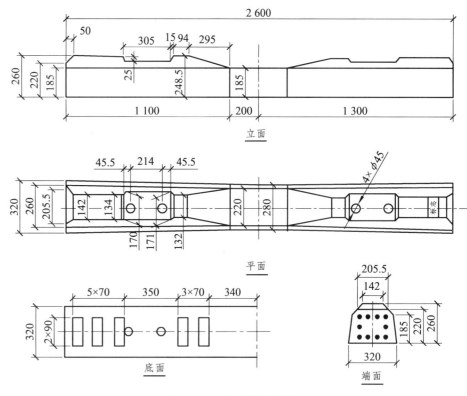

图 2-7　III 型混凝土枕

联结零件分为接头和扣件。接头的作用是连接两根钢轨，使其具有连续、平顺的表面。接头由接头夹板、螺栓、螺母、垫圈组成。接头夹板及螺栓如图2-8 所示。接头夹板上有 6 个螺栓孔，螺栓孔有圆形和长圆形两种。一个接头由 2 块夹板和 6 个螺栓及螺母、垫圈组成。扣件的作用是连接钢轨与轨枕，使钢轨固定在轨枕的稳固位置上，阻止钢轨的纵横向移动，为轨道结构提供一定的弹性，减轻振动。按照适用的轨枕区分，扣件可分为木枕扣件和混凝土枕扣件。木枕扣件主要有分开式和混合式两种；混凝土枕扣件在初期主要使用扣板式和拱形弹片式，随后逐渐淘汰，目前我国常用的混凝土枕扣件有弹条Ⅰ型、弹条Ⅱ型、弹条Ⅲ型、弹条Ⅳ型、弹条Ⅴ型。混凝土枕弹条Ⅰ型扣件结构如图2-9 所示。弹条Ⅰ型弹条扣件主要由 ω 形弹条、螺纹道钉、轨距挡板、挡板座及弹性橡胶垫板等组成。弹条用于弹性扣压钢轨，要求保持一定的扣压力及足够的强度。轨距挡板的作用是调整轨距，传递钢轨的横向水平推力。挡板座是为支撑挡板用，挡板座有一定强度来承受和传递横向水平力，有足够的绝缘性能以防止漏电。螺纹道钉的作用是扣紧弹条、轨距挡板、挡板座，用硫黄锚固剂锚固于轨枕中。橡胶垫板放置于钢轨与轨枕之间，为轨道结构提供一定的弹性。

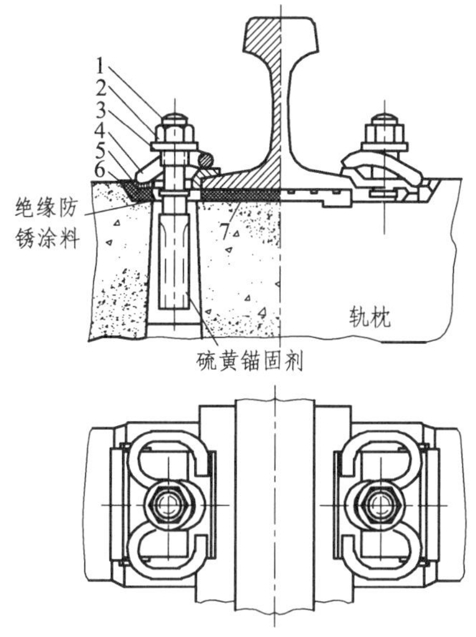

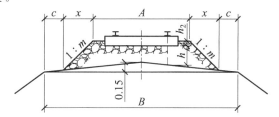

图 2-9　混凝土枕弹条Ⅰ型扣件

1—螺纹道钉；2—螺母；3—平垫圈；4—弹条；5—轨距挡板；
6—挡板座；7—橡胶垫板

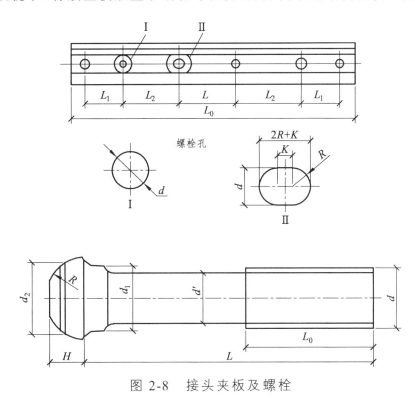

图 2-8　接头夹板及螺栓

碎石道床的功用包括：承受由钢轨、轨枕传递而来的机车车辆荷载，并均匀地分布在路基面上；提供抵抗轨道框架纵、横向位移的阻力；提供排水能力；提供轨道弹性；保持几何形位等。道床断面如图 2-10 所示，包括道床厚度（图 2-10 中的 $h_1$）、顶面宽度（图 2-10 中的 $A$）和边坡坡度（图 2-10 中的 $1:m$）三个主要特征。道床顶面两端没有被轨枕覆盖的部分称为道床肩部，也称砟肩，道床顶面宽度相当于轨枕长度加上两侧肩宽之和。道床肩部一般要比轨枕底面高出一定高度，称为肩部堆高（图 2-10 中的 $h_2$），使得轨枕埋入道砟一定深度，提高线路的稳定性。

图 2-10　直线地段道床横断面示意图（单位：m）

## 2. 无砟轨道

无砟轨道与有砟轨道的不同在于使用整体道床代替散体道床。无砟轨道结构型式类型众多，包括板式轨道、双块式轨道、长枕埋入式轨道、弹性支承轨道等。目前我国高铁采用的无砟轨道有 CRTS Ⅰ型板式轨道、CRTS Ⅰ型双块式轨道、CRTS Ⅱ型板式轨道、CRTS Ⅱ型双块式轨道、CRTS Ⅲ型板式轨道等类型。

CRTSⅠ型板式轨道结构如图 2-11 所示。从图中可以看出，同有砟轨道一样，CRTSⅠ型板式轨道也包括钢轨、扣件等组成部分。不同的是，不再采用轨枕和碎石道床，而是采用轨道板来支承钢轨，轨道板下方设置底座，轨道板与底座之间用 CA 砂浆做充填层。为保证轨道板处于正确的位置，在两板之间设置凸型挡台以限制其位移。

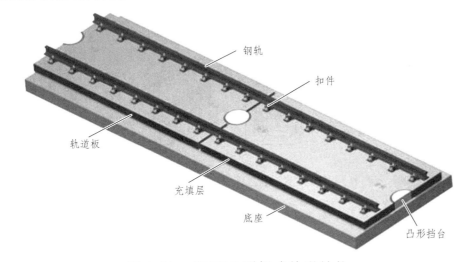

图 2-11　CRTSⅠ型板式轨道结构

# 三、铁路路基、轨道施工图识图

## （一）铁路路基施工图

以双线无砟轨道路基为例，其标准横断面图如图 2-12 所示。

从图 2-12 中可以看出，图中包括双线无砟轨道路堤设计标准横断面图、双线无砟轨道路堤曲线地段标准横断面图、双线无砟轨道（弱风化硬质岩）路堑设计标准横断面图、双线无砟轨道（土质及软岩）路堑设计标准横断面图，以及资料表和设计说明。

### 1. 双线无砟轨道路堤设计标准横断面图

图 2-13 为双线无砟轨道路堤设计标准横断面图，从图中可以看出轨道形式为无砟轨道，轨道板宽度为 3.2 m，且为双线铁路，线间距为 5.0 m。线路中心距离接触网支柱内侧 3.0 m，接触网支柱内侧距离电缆槽外侧 1.3 m。则路基面宽度为 5.0+（3.0+1.3）×2=13.6 m。在路基面表面铺设 0.08 m 厚的沥青混凝土。因轨道类型为无砟轨道，两线之间的地表水易被轨道板及其底座挡住难以向两

侧排出，故在两线之间设置向内 2% 的排水坡，使得两线间的地表水能够汇集到集水井当中，再经坡度为 4% 的排水管排出。在两侧路肩设置向外 4% 的排水坡，使得地表水流经泄水孔、边坡，排入排水沟。

基床分为基床表层和基床底层。基床表层厚度 0.4 m，采用级配碎石。基床底层厚度 2.3 m，采用 AB 组填料。基床底层的顶部和基床以下填料部位的顶部设置 4% 的人字形排水坡。同时埋置过轨钢管，使要过轨道的光缆和电缆从管中穿过，达到保护线缆的作用。

边坡采用直线型边坡，边坡坡度为 1∶1.5。坡脚与排水沟之间的天然地面称为护道，护道宽度为 2 m。排水沟外侧 2 m 处设置防护栅栏。

### 2. 双线无砟轨道路堤曲线地段标准横断面图

图 2-14 为双线无砟轨道路堤曲线地段标准横断面图，读图方法同图 2-13。因处于曲线地段，需设置外轨超高，故曲线外侧的轨道板厚度增加。路基面在无砟轨道正线曲线地段一般不加宽，当轨道结构和接触网支柱等设施的设置有特殊要求时，根据具体情况分析确定。有砟轨道正线曲线地段应按规定加宽。

### 3. 双线无砟轨道（弱风化硬质岩）路堑设计标准横断面图

图 2-15 为双线无砟轨道（弱风化硬质岩）路堑设计标准横断面图，读图方法同图 2-13。路基面宽度 13.6 m。在路基面铺设 0.08 m 厚的沥青混凝土防渗层。因轨道类型为无砟轨道，在两线之间设置向内 2% 的排水坡，使得两线间的地表水能够汇集到集水井当中，再经坡度为 4% 的排水管排出。在两侧路肩设置向外 4% 的排水坡，使得地表水流经泄水孔，排入侧沟，泄水孔直径 0.05 m，间距 1.0 m。路基面两侧设置侧沟，用以排引路基面和边坡上的地面水。侧沟底宽 0.6 m，沟深 0.8 m，并采用现浇钢筋混凝土铺砌，厚 0.2 m。侧沟外侧设置侧沟平台，用以防止坍落的土和碎石堵塞侧沟，侧沟平台宽度≥2.0 m。路堑边坡坡度为 1∶$m$。

### 4. 双线无砟轨道（土质及软岩）路堑设计标准横断面图

图 2-16 为双线无砟轨道（土质及软岩）路堑设计标准横断面图，读图方法同图 2-13。路基面宽度 13.6 m。基床表层厚度 0.4 m，采用级配碎石。基床底层厚度 0～2.3 m，采用 AB 组填料。基床底层的顶部和基床以下填料部位的顶部设置 4% 的人字形排水坡。路基面两侧设置侧沟。为排除基床范围内的地下水，在基床下部两侧设置渗水盲管。基床底层与基底交界面两侧坡度为 1∶1.0。

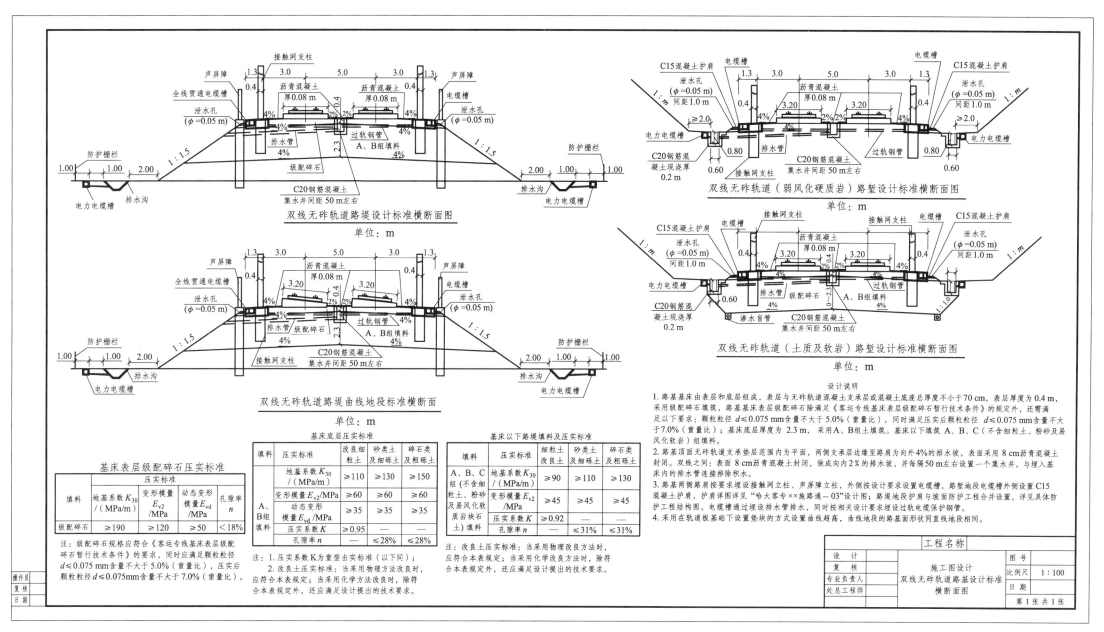

图 2-12　双线无砟轨道路基设计标准横断面图

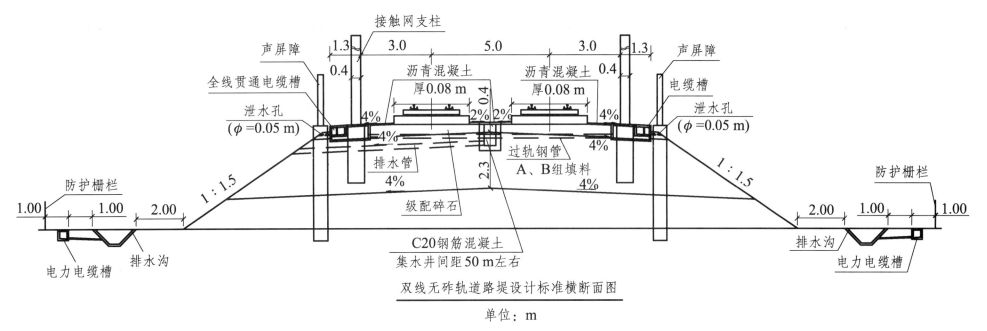

双线无砟轨道路堤设计标准横断面图

单位：m

图 2-13　双线无砟轨道路堤设计标准横断面图

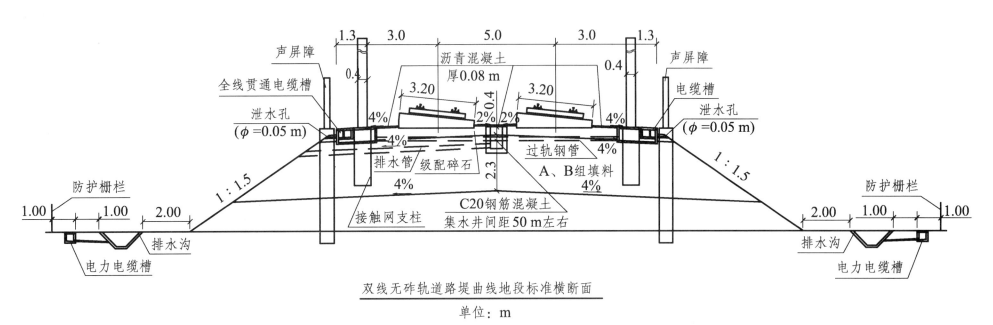

双线无砟轨道路堤曲线地段标准横断面

单位：m

图 2-14　双线无砟轨道路堤曲线地段标准横断面图

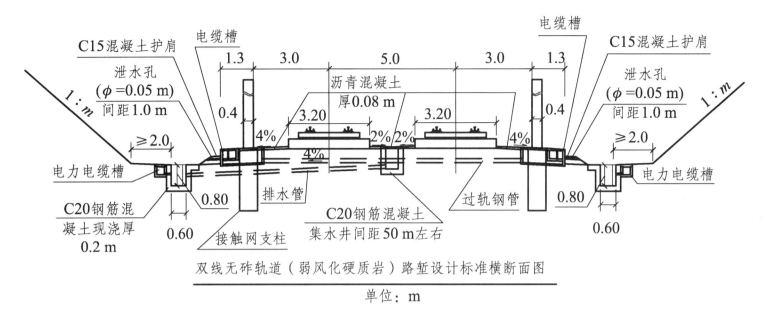

双线无砟轨道（弱风化硬质岩）路堑设计标准横断面图

单位：m

图 2-15　双线无砟轨道（弱风化硬质岩）路堑设计标准横断面图

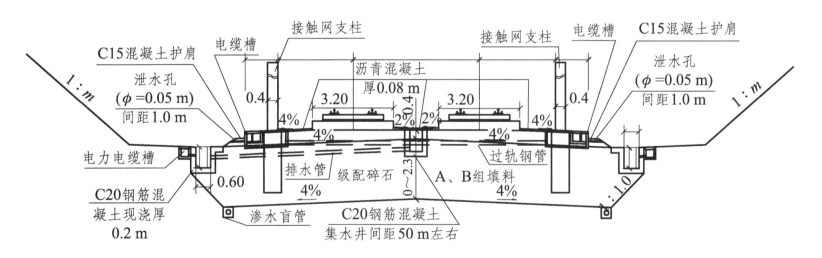

双线无砟轨道（土质及软岩）路堑设计标准横断面图

单位：m

图 2-16　双线无砟轨道（土质及软岩）路堑设计标准横断面图

## （二）轨道施工图

### 1. 有砟轨道施工图

图 2-17 为 50 kg/m 钢轨混凝土枕碎石道床图，包括横断面图、平面图、说明三个部分，绘图比例为 1：50。

从图中我们可以看出钢轨采用的是 50 kg/m 工字轨，轨距为 1 435 mm，即标准轨距。扣件采用弹条 I 型扣件。轨枕采用新 II 型预应力混凝土枕，轨枕长度为 2 500 mm。道床肩部堆高 150 mm，采用一级道砟，直线段或圆曲线半径大于 300 m 的曲线地段，道床肩宽 200 mm，道床顶面宽度 2 900 mm；圆曲线半径小于等于 300 m 的曲线地段，道床肩宽 300 mm，道床顶面宽度 3 100 mm。左股钢轨下道床厚度为 250 mm，路基顶面设有 2% 的横向坡度。

### 2. 无砟轨道施工图

图 2-18 为地铁车辆段库内平过道道床布置图（中间），包括平面图、横断面图、说明 3 个部分，绘图比例为 1：20。

从图中可以看出，钢轨采用的是 50 kg/m 工字轨。扣件采用的是 IV 型双层非线性减振扣件，扣件上设置橡胶条，扣件间距 695 mm。轨道板尺寸为 2 980 mm×2 400 mm×580 mm，每块道床板板缝中心线间距 3 000 mm，板缝 20 mm。轨道板采用 C35 混凝土浇筑而成，并设置承轨槽，承轨槽宽度 340 mm。轨道板两侧设置隔离垫层，下层铺设减震垫层，下方设置水沟，水沟尺寸 300 mm×100 mm，水沟上铺设钢盖板，钢盖板表面应全部涂抹防锈漆。

## 四、实训项目

（1）请手绘出图 2-13、图 2-15。

（2）请利用 AutoCAD 绘制出图 2-14、图 2-16。

（3）请问图 2-18 中，采用的是什么类型的扣件，扣件间距是多少？

（4）请利用 AutoCAD 绘制出图 2-17、图 2-18。

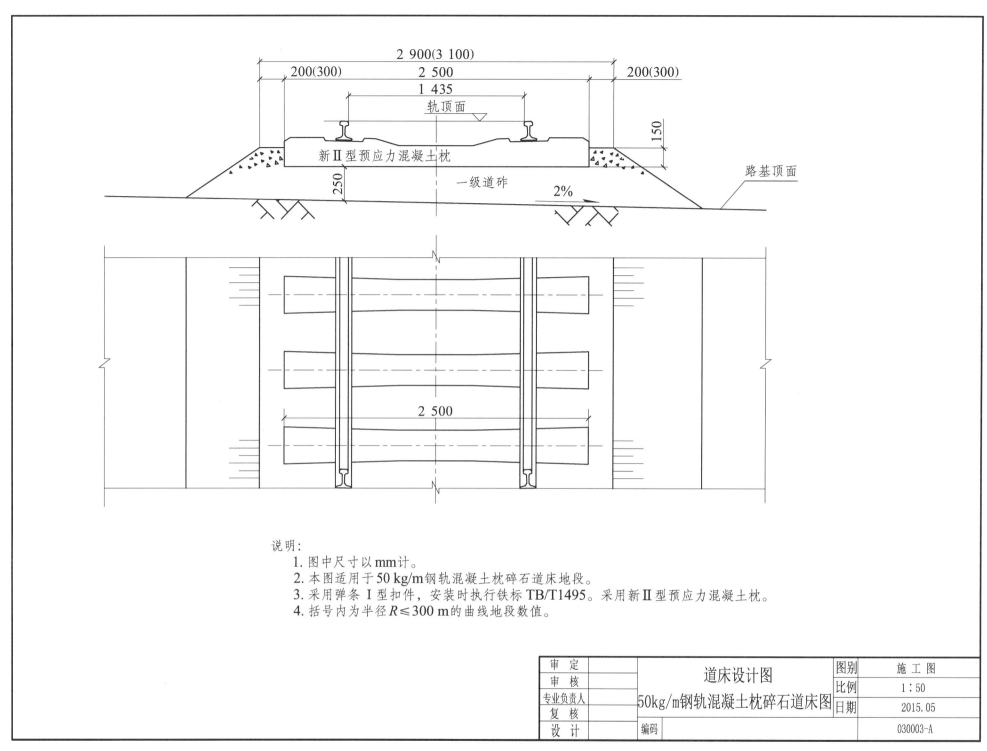

说明:
1. 图中尺寸以 mm 计。
2. 本图适用于 50 kg/m 钢轨混凝土枕碎石道床地段。
3. 采用弹条 I 型扣件,安装时执行铁标 TB/T1495。采用新 II 型预应力混凝土枕。
4. 括号内为半径 $R \leqslant 300$ m 的曲线地段数值。

| 审 定 | | 道床设计图 | 图别 | 施 工 图 |
|---|---|---|---|---|
| 审 核 | | | 比例 | 1∶50 |
| 专业负责人 | | 50kg/m钢轨混凝土枕碎石道床图 | 日期 | 2015.05 |
| 复 核 | | | | |
| 设 计 | | 编码 | | 030003-A |

图 2-17　50 kg/m 钢轨混凝土枕碎石道床图

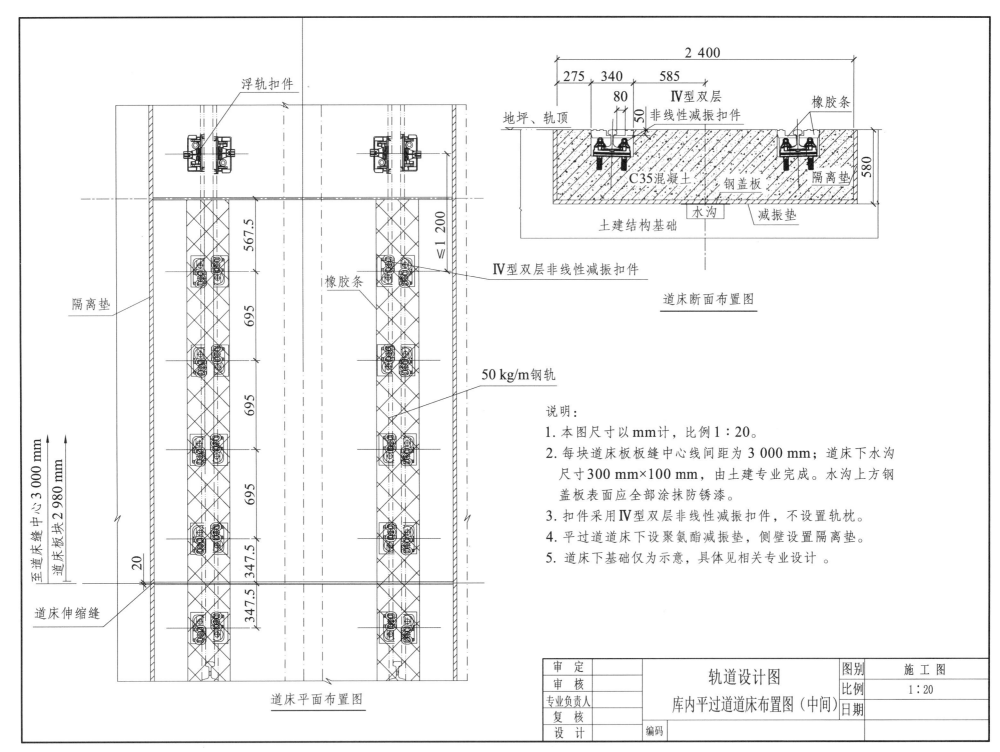

说明:
1. 本图尺寸以mm计,比例1:20。
2. 每块道床板板缝中心线间距为3 000 mm;道床下水沟尺寸300 mm×100 mm,由土建专业完成。水沟上方钢盖板表面应全部涂抹防锈漆。
3. 扣件采用Ⅳ型双层非线性减振扣件,不设置轨枕。
4. 平过道道床下设聚氨酯减振垫,侧壁设置隔离垫。
5. 道床下基础仅为示意,具体见相关专业设计。

道床平面布置图

道床断面布置图

| 审 定 | | 轨道设计图 | 图别 | 施工图 |
| 审 核 | | | 比例 | 1:20 |
| 专业负责人 | | 库内平过道道床布置图(中间) | 日期 | |
| 复 核 | | | | |
| 设 计 | 编码 | | | |

图 2-18 库内平过道道床布置图(中间)

# 项目三 桥梁上部工程施工图识图

## 一、实训目的与要求

（1）了解桥梁各组成部分的构造。

（2）掌握桥梁总体布置图、梁的一般构造图、钢筋构造图识读的方法，能够独立完成实际桥梁总体布置图、梁的一般构造图、钢筋构造图的识读。

（3）掌握桥梁总体布置图的绘制方法，能够独立手绘并能够运用相关绘图软件绘制桥梁总体布置图。

## 二、配套知识

图 3-1 表示一座梁式桥的概貌。从图中可见，桥梁一般由桥跨结构、桥墩和桥台、支座和附属设施几部分组成。

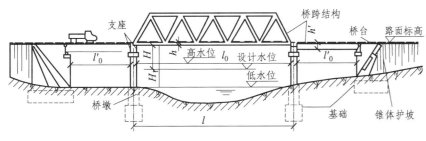

图 3-1 梁式桥概貌

桥跨结构是在线路中断时跨越障碍的主要承重结构，是桥梁支座以上跨越桥孔的总称。跨越幅度越大，桥跨结构的构造也就越复杂，施工难度越大。通常，桥跨结构也称为桥梁结构的上部结构。

桥墩和桥台是支承桥跨结构并将其传来的恒载和车辆等活载再传至基础的建筑物。通常设置在桥两端的称为桥台，设置在桥中间部分的称为桥墩。桥台除了上述作用外，还与路堤相衔接，并抵御路堤土压力，防止路堤填土的滑坡和坍落。单孔桥只有两端的桥台，而没有中间桥墩。桥墩和桥台底部的奠基部分，称为基础。基础承担了从桥墩和桥台传来的全部荷载，这些荷载包括竖向荷载以及地震、船舶撞击墩身等引起的水平荷载。基础由于往往深埋于水下

地基中，在桥梁施工中是难度较大的一个部分，也是确保桥梁安全的关键之一。通常，将桥墩、桥台和基础称为桥梁结构的下部结构。

在桥跨结构与桥墩、桥台的支承处所设置的传力装置，称为支座。它不仅要传递很大的荷载，并且要保证桥跨结构按设计要求能产生一定的变位。

桥梁的基本附属设施包括桥面系、伸缩缝、桥梁与路堤衔接处的桥头搭板和锥形护坡等。

河流中的水位是变动的，在枯水季节的最低水位称为低水位，洪峰季节河流中的最高水位称为高水位。桥梁设计中按规定的设计洪水频率计算所得的高水位，称为设计洪水位。

下面介绍一些与桥梁布置和结构有关的主要尺寸和术语名称：

净跨径对于梁式桥是设计洪水位上相邻两个桥墩（或桥台）之间的净距，用 $l_0$ 表示（图 3-1）；对于拱式桥是每孔拱跨两个拱脚截面最低点之间的水平距离（图 3-2）。

总跨径（$\sum l_0$）是多孔桥梁中各孔净跨径的总和，也称桥梁孔径，它反映了桥下宣泄洪水的能力。

计算跨径对于具有支座的桥梁，是指桥跨结构相邻两个支座中心之间的距离，用 $l$ 表示。对于拱式桥是两相邻拱脚截面形心点之间的水平距离（图 3-2）。

桥跨结构的力学计算是以计算跨径 $l$ 为基准的。

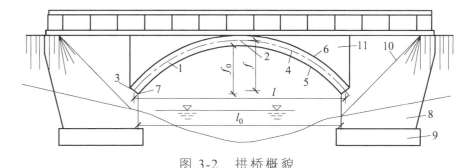

图 3-2 拱桥概貌

1—主拱圈；2—拱顶；3—拱脚；4—拱轴线；5—拱腹；6—拱背；7—起拱线；8—桥台；9—桥台基础；10—锥坡；11—拱上建筑

桥梁全长简称桥长，是桥梁两端两个桥台的侧墙或八字墙后端点之间的距离，以 $L$ 表示。

桥梁高度简称桥高，是指桥面与低水位之间的高差或为桥面与桥下线路路面之间的距离。桥高在某种程度上反映了桥梁施工的难易性。

桥下净空高度是设计洪水位或计算通航水位至桥跨结构最下缘之间的距离，以 $H$ 表示。它应保证能安全排洪，并不得小于对该河流通航所规定的净空高度。

建筑高度是桥上行车路面（或轨顶）标高至桥跨结构最下缘之间的距离，它不仅与桥梁结构的体系和跨径的大小有关，而且还随行车部分在桥上布置的高度位置而异。公路（或铁路）定线中所确定的桥面（或轨顶）标高，对通航净空顶部标高之差，又称为容许建筑高度。显然，桥梁的建筑高度不得大于其容许建筑高度，否则就不能保证桥下的通航要求。

净矢高是从拱顶截面下缘至相邻两拱脚截面下缘最低点之连线的垂直距离，以 $f_0$ 表示。

计算矢高是从拱顶截面形心至相邻两拱脚截面形心之连线的垂直距离，以 $f$ 表示。

矢跨比是拱桥中拱圈（或拱肋）的计算矢高 $f$ 与计算跨径 $l$ 之比（$f/l$），也称拱矢度。它是反映拱桥受力特性的一个重要指标。

桥梁按以下方式可进行分类为：

（1）按受力体系分类，桥梁有梁、拱、吊三大基本体系。

（2）按用途来划分，有公路桥、铁路桥、公路铁路两用桥、农桥、人行桥、运水桥（渡槽）及其他专用桥梁（如通过管路、电缆等）。

（3）按桥梁全长和跨径的不同，分为特大桥、大桥、中桥和小桥。《公路工程技术标准》规定的特大、大、中、小桥划分标准如表 3-1 所示。

表 3-1　桥梁分类

| 桥梁分类 | 多空跨径总长 $L$/m | 单孔跨径 $l$/m |
|---|---|---|
| 特大桥 | $L \geqslant 500$ | $l \geqslant 100$ |
| 大　桥 | $L \geqslant 100$ | $l \geqslant 40$ |
| 中　桥 | $30 < L < 100$ | $20 \leqslant l < 40$ |
| 小　桥 | $8 \leqslant L \leqslant 30$ | $5 \leqslant l < 20$ |

（4）按主要承重结构所用的材料划分，有圬工桥（包括砖、石、混凝土桥）、钢筋混凝土桥、预应力混凝土桥、钢桥和木桥等。

（5）按跨越障碍的性质，可分为跨河桥、跨线桥（立体交叉）、高架桥和栈桥。高架桥一般指跨越深沟峡谷以代替高路堤的桥梁。为将车道升高至周围地面以上并使其下面的空间可以通行车辆或作其他用途（如堆栈、店铺等）而修建的桥梁，称为栈桥。

（6）按上部结构的行车道位置，分为上承式桥、下承式桥和中承式桥。

# 三、桥梁工程图的读图、画图要领与步骤

## （一）读图要领

一套完整的桥梁工程图有很多张图纸，若要读懂这些图纸，并在头脑中形成一座桥的完整形象，必须掌握读图要领，按要领去读图将会收到事半功倍的效果。

对整套图纸的读图要领是先整体，后局部，再回到整体，然后从整体到局部，最后由局部再回到整体。如此反复一两次、两三次，就能在头脑中形成一座桥的完整形象。

对每一张具体图纸的读图要领是先读标题栏和附注说明，后读图形，即读立面图、平面图、侧面图和剖面图、断面图。以立面图为主，对照平面图、侧面图和剖面图、断面图，联系起来综合读图。只要对各个图形按投影关系相互联系起来阅读，就能形成立体形象。否则，若单独阅读一个图形，而不与其他图形联系起来互相对照阅读，就无法形成立体形象。

## （二）读图步骤

（1）先读总体布置图中的标题栏及附注说明，了解桥梁名称、主要技术指标、施工技术要求、比例和尺寸单位等。

（2）在读总体布置图时，首先读立面图（含纵剖面图），了解桥型、孔数、跨度、墩台数目与埋置深度、桥长、桥高、桥道纵坡、河床断面，以及水文、地质情况等。在读立面图的过程中，随时联系对照读平面、侧面和横剖面图，了解桥的净宽、总宽、人行道尺寸、桥面横坡、主梁的断面形式及墩台梁的一般构造等。这样，就能初步了解桥梁的全貌及其基本构造。

（3）顺次阅读各个构件的一般构造图、钢筋构造图、钢筋大样图（包括图中所附的工程数量表、钢筋明细表和附注说明等）。通过阅读这些图样，了解各构件的形状、数量、用料、尺寸以及钢筋的布置、规格、数量、形状、长度、质量等。

（4）当读懂了各构件图以后，再返回来阅读总体布置图，了解各构件之间的相对位置的定位尺寸，彼此间的连接和搁置关系，直到全部读懂为止。

（5）最后对各构件图及总体布置图的所有尺寸进行复核，检查有无错误和遗漏。

## （三）画图要领

首先，对被画的桥梁或构件进行分析，找出最能表示其形体特征的投射方向作为立面图的投射方向，选定立面图。然后，进行画图，在画图过程中，应符合长对正、高平齐、宽相等和前后对应的三等规律，并严格遵守《道路工程制图标准》（GB/T 50162—1992）和其他有关的制图方面的国家标准。

## （四）画图步骤

（1）选定所要画的视图、比例和图幅。

桥梁总体布置图按常规应画立面图、平面图和横剖面图。根据已选定的视图和比例，并考虑到视图位置的合理安排以及标注尺寸、书写图名、图标、附注说明等的位置，按需要的幅面大小选定标准图幅。

（2）布置图面，画对称中心线、轴线和基线。

在选定的图幅上画出图框和图标，并按照前画所考虑的图面布置，将立面图、平面图和横剖面图匀称地布置在图框内，定位后画出这三个视图的对称中心线、钻孔灌注桩的轴线以及高度方向的水平基线。

（3）画各构件的主要轮廓线。

以对称中心线、轴线和基线为起点，根据各构件的尺寸画出构件的主要轮廓线。

（4）画各构件的细部。

在主要轮廓线的基础上，进一步再将各构件的细部画出。画图时，一定要按比例画图，并注意各个视图之间应符合三等规律。

（5）铅笔描深或上墨，并标注尺寸和符号等。

在铅笔描深或上墨前，要详细检查底稿线，当确认无误后，清理图面，根据规定的线型和线宽用铅笔描深或上墨。最后画断面上的材料图例，标注尺寸、符号和书写文字等。

# 四、桥梁施工图识读

目前在我国应用最广的是钢筋混凝土桥。本实训项目着重钢筋混凝土梁桥工程图的阅读和绘制。

建造一座桥梁需要设计绘制很多图纸，一套完整的桥梁工程图一般应包括下述图纸。

## （一）桥位平面图

桥位平面图表示的主要内容有：桥梁与路线连接的平面位置，桥位中心里程桩，水准点，工程钻孔，以及桥梁附近的地形、地物等，作为桥梁设计和施工定位的依据。绘制桥位平面图时，一般常采用的比例为 1∶5 000、1∶2 000、1∶1 000 等。有时，也可以用一段路线平面图来代替桥位平面图，但在路线平面图上需标注出桥的名称、桥位中心桩号、桥的孔数和跨度等。如图 3-3 某桥桥位平面图，桥位中心里程桩号为 K91+482，桥型为 4×30 m 连续梁桥；图中尺寸均以米计，平面采用 1980 西安坐标系，高程采用 1985 国家高程基准；采用的比例为 1∶2 000；有 2 组曲线，在曲线表中列出了详细的曲线要素。

## （二）桥位地质断面图

桥位地质断面图表示的主要内容有河床断面线（用粗实线绘制），最高水位、常水位、最低水位，钻孔的位置、间距、孔口标高和钻孔深度，土壤的分层（用细实线绘制）、标高和各土层的物理力学性质等。有时为了突出显示地质和河床深度变化情况，特意将纵向比例比横向比例放大数倍画出，如纵向比例采用 1∶500，横向比例采用 1∶1 000。桥位地质断面图主要用作设计桥梁、桥墩、桥台和计算土石方工程量的依据。如图 3-4 某桥桥位地质断面图。

## （三）桥梁总体布置图

桥梁总体布置图由立面图、平面图和横剖面图三部分组成。表达的主要内容有桥梁的形式、孔数、跨度、桥长、桥高，各部位标高，各主要构件的相互位置关系，桥面和桥头引道的坡度，桥宽，桥跨横断面布置，桥梁线形及其与公路的衔接，桥梁与河流或与桥下路线的相交状况，以及技术说明等。它作为施工时确定墩台位置、构件安装和标高控制的依据。

如图 3-5 和图 3-6 为一座连续梁桥的总体布置图，其立面图和平面图的比例为 1∶500，横剖面图的比例为 1∶250。

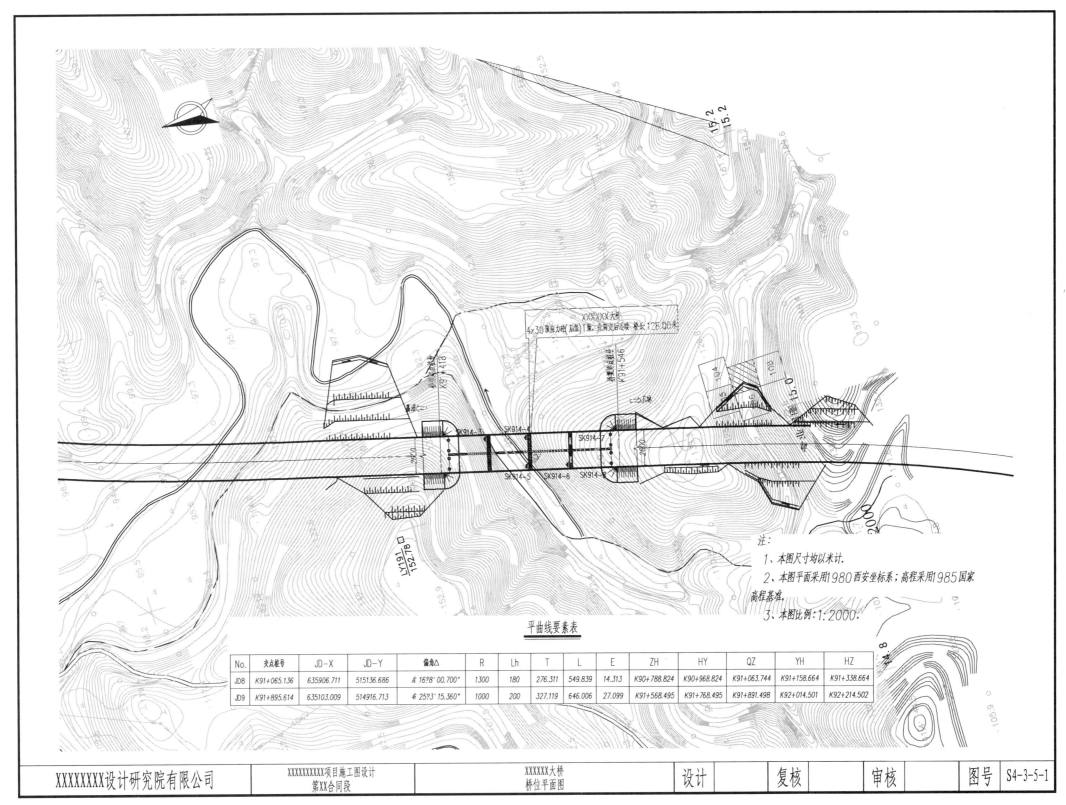

注：
1、本图尺寸均以米计.
2、本图平面采用1980西安坐标系；高程采用1985国家高程基准.
3、本图比例1:2000.

## 平曲线要素表

| No. | 交点桩号 | JD-X | JD-Y | 偏角△ | R | Lh | T | L | E | ZH | HY | QZ | YH | HZ |
|-----|----------|------|------|-------|---|----|---|---|---|----|----|----|----|----|
| JD8 | K91+065.136 | 635906.711 | 515136.686 | 左 16?8'00.700" | 1300 | 180 | 276.311 | 549.839 | 14.313 | K90+788.824 | K90+968.824 | K91+063.744 | K91+158.664 | K91+338.664 |
| JD9 | K91+895.614 | 635103.009 | 514916.713 | 左 25?3'15.360" | 1000 | 200 | 327.119 | 646.006 | 27.099 | K91+568.495 | K91+768.495 | K91+891.498 | K92+014.501 | K92+214.502 |

| XXXXXXXX设计研究院有限公司 | XXXXXXXXXX项目施工图设计<br>第XX合同段 | XXXXXX大桥<br>桥位平面图 | 设计 | | 复核 | | 审核 | | 图号 | S4-3-5-1 |
|---|---|---|---|---|---|---|---|---|---|---|

图 3-3　桥位平面图

# 工 程 地 质 纵 断 面 图

比例尺 水平 1∶10 000 垂直 1∶500

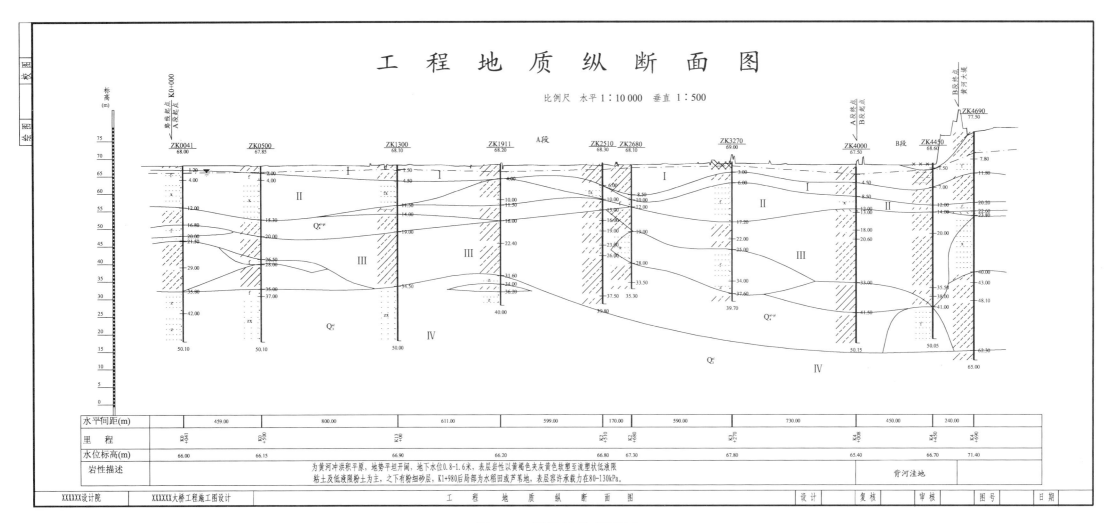

| 水平间距(m) | 459.00 | 800.00 | 611.00 | 599.00 | 170.00 | 590.00 | 730.00 | 450.00 | 240.00 |
|---|---|---|---|---|---|---|---|---|---|
| 里 程 | K0+041 | K0+500 | K1+300 | | K2+510 | K2+680 | K3+270 | K4+000 | K4+450 | K4+690 |
| 水位标高(m) | 66.00 | 66.15 | 66.90 | 66.20 | 66.80 | 67.30 | 67.80 | 65.40 | 66.70 | 71.40 |
| 岩性描述 | 为黄河冲洪积平原，地势平坦开阔，地下水位0.8-1.6米，表层岩性以黄褐色夹灰黄色软塑至流塑状低液限黏土及低液限粉土为主，之下有粉细砂层，K1+980后局部为水稻田或芦苇地，表层容许承载力在80-130kPa。 | | | | | | 背河洼地 | | |

| XXXXXX设计院 | XXXXXX大桥工程施工图设计 | 工 程 地 质 纵 断 面 图 | 设 计 | 复 核 | 审 核 | 图 号 | 日 期 |

图 3-4  桥位地质断面图

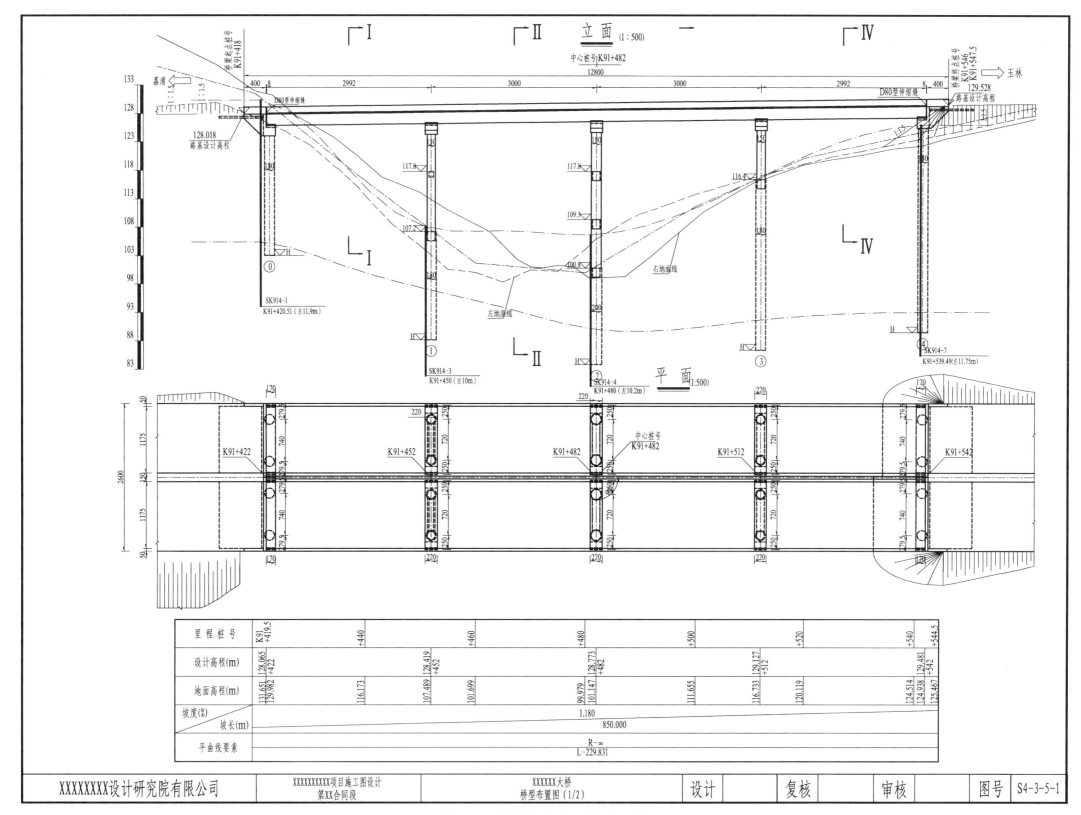

图 3-5 桥梁总体布置图（一）

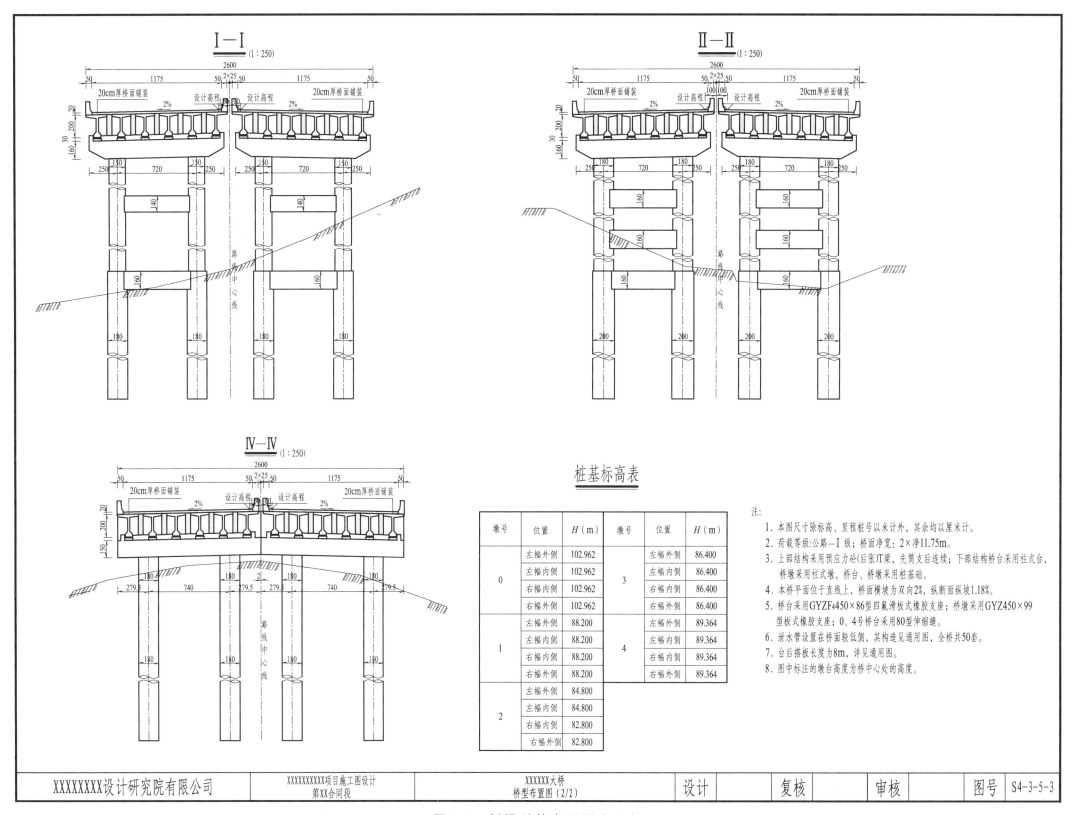

## I—I (1:250)

2600
50 | 1175 | 50 2×25 50 | 1175 | 50

20cm厚桥面铺装　设计高程　设计高程　20cm厚桥面铺装
2%　2%
30 200 160
150 720 150 | 150 720 150
250 | 250 | 250 | 250
140 | 140
160 | 160
180 | 180 | 180 | 180
路线中心线

## II—II (1:250)

2600
50 | 1175 | 50 2×25 50 | 1175 | 50

20cm厚桥面铺装　设计高程 100 100 设计高程　20cm厚桥面铺装
2%　2%
30 200 160
180 720 180 | 180 720 180
250 | 250 | 250 | 250
160 | 160
160 | 160
160 | 160
200 | 200 | 200 | 200
路线中心线

## IV—IV (1:250)

2600
50 | 1175 | 50 2×25 50 | 1175 | 50

20cm厚桥面铺装　设计高程　设计高程　20cm厚桥面铺装
2%　2%
200 150
279.5 740 279.5 | 279.5 740 279.5
180 180 180 | 180
180 180 180 180
路线中心线

## 桩基标高表

| 墩号 | 位置 | H（m） | 墩号 | 位置 | H（m） |
|---|---|---|---|---|---|
| 0 | 左幅外侧 | 102.962 | 3 | 左幅外侧 | 86.400 |
|  | 左幅内侧 | 102.962 |  | 左幅内侧 | 86.400 |
|  | 右幅内侧 | 102.962 |  | 右幅内侧 | 86.400 |
|  | 右幅外侧 | 102.962 |  | 右幅外侧 | 86.400 |
| 1 | 左幅外侧 | 88.200 | 4 | 左幅外侧 | 89.364 |
|  | 左幅内侧 | 88.200 |  | 左幅内侧 | 89.364 |
|  | 右幅内侧 | 88.200 |  | 右幅内侧 | 89.364 |
|  | 右幅外侧 | 88.200 |  | 右幅外侧 | 89.364 |
| 2 | 左幅外侧 | 84.800 |  |  |  |
|  | 左幅内侧 | 84.800 |  |  |  |
|  | 右幅内侧 | 82.800 |  |  |  |
|  | 右幅外侧 | 82.800 |  |  |  |

注:
1. 本图尺寸除标高、里程桩号以米计外，其余均以厘米计。
2. 荷载等级:公路—I级；桥面净宽：2×净11.75m。
3. 上部结构采用预应力砼(后张)T梁，先简支后连续；下部结构桥台采用柱式台，桥墩采用柱式墩，桥台、桥墩采用桩基础。
4. 本桥平面位于直线上，桥面横坡为双向2%，纵断面纵坡1.18‰。
5. 桥台采用GYZF4450×86型四氟滑板式橡胶支座；桥墩采用GYZ450×99型板式橡胶支座；0、4号桥台采用80型伸缩缝。
6. 泄水管设置在桥面较低侧，其构造见通用图，全桥共50套。
7. 台后搭板长度为8m，详见通用图。
8. 图中标注的墩台高度为桥中心处的高度。

| XXXXXXXX设计研究院有限公司 | XXXXXXXXXX项目施工图设计 第XX合同段 | XXXXXX大桥 桥型布置图(2/2) | 设计 | | 复核 | | 审核 | | 图号 | S4-3-5-3 |
|---|---|---|---|---|---|---|---|---|---|---|

图 3-6　桥梁总体布置图（二）

## 1. 立面图

立面图主要表达桥的特征和桥型。从图中可以看出本桥共有 4 孔，等跨布置，各为 30 m，桥总长为 120 m；上部结构采用预应力混凝土（后张）T 梁；在立面图的左侧绘有标尺（单位是 m），在绘制各构件的标高位置时都统一使用这个标尺；立面图中还表达出桥位处的地质水文状况、墩台的埋置深度、梁底和墩台顶的标高，以及桥面中心标高等；在立面图的上方，标注出桥梁两端和墩台的里程桩号，以便施工放样时使用；在各墩台的下边，自左至右顺序标注出墩台的编号。

## 2. 平面图

平面图表达桥台锥形护坡、桥面净宽、人行道宽及栏杆立柱的布置尺寸。本桥为双幅布置，桥面布置为 0.5 m 护栏+11.75 m 行车道+1.5 m 中央分隔带+11.75 m 行车道+0.5 m 护栏，总宽 26 m。

## 3. 横剖面图

横剖面图由 I—I、II—II、III—III 和 IV—IV 剖面图组成，分别投视的是边跨梁和 1 号墩、中跨梁和 2 号墩、中跨梁和 3 号墩以及边跨梁和 4 号台。为了清晰表达上部结构的横断面状况，采用比立面图放大 1 倍的比例画出。从剖面图中可以看出梁为两幅布置，每幅由 6 片 T 型梁组成。从剖面图中可清晰反映出桥面宽度、人行道和栏杆的尺寸、桥面的横向坡度以及墩台各部分尺寸。桥面布置为 0.5 m 护栏+11.75 m 行车道+1.5 m 中央分隔带+11.75 m 行车道+0.5 m 护栏，总宽 26 m，2%的桥面横坡向外设置。桥台采用 U 台，桥墩采用柱式墩，桥台采用扩大基础，桥墩采用桩基础。

## （四）构件图

组成桥梁的各个构件，在桥梁总体布置图中是无法详细表达清楚的，因此，单凭总体布置图无法进行施工。为了满足施工和工程监理的需要，还必须根据总体布置图采用较大的比例，绘制能完整清晰表达各个构件的形状、大小以及钢筋布置情况的构件图，称为构件结构图或构件构造图；而仅画构件形状、大小，不画钢筋的构件图称为构件的一般构造图。构件图的常用比例为 1∶10～1∶50。若构件的某些局部在构件图中仍不能清晰完整地表达时，可采用更大的比例，如采用 1∶2～1∶10，画出局部放大图，这种图样称为大样图或详图。

下面以钢筋混凝土 T 型梁、桥台、桥墩为例，说明构件图的识图。

在装配式钢筋混凝土简支梁桥中，以 T 型梁最为常见。

## 1. 一般构造图示例

图 3-7 和图 3-8 是跨径 40 m 装配式预应力混凝土连续 T 梁一般构造图，用立面、顶平面（仅示意一片边梁和一片中梁）、底平面（仅示意一片边梁和一片中梁）、边梁断面和中梁断面来表达它的形状和尺寸。图中给出一片主梁混凝土数量表。

识图需注意的是要平、立、断面图结合起来看图。

## 2. 主梁钢筋布置图示例

图 3-9、图 3-10 和图 3-11 是跨度为 40 m 的主梁骨架结构图，用它来介绍 T 型梁主梁骨架钢筋的配置情况，由梁肋钢筋布置图、边跨翼板钢筋布置图和中跨翼板钢筋布置图三部分组成。主梁骨架结构图是由立面图、跨中断画图、钢筋成型图和钢筋数量表来表示的。在钢筋构造图（也称配筋图，即钢筋骨架结构图）中，外形轮廓线应以细实线表示，钢筋应以粗实线的单线条或实心黑圆点表示。

（1）立面图因为 T 型梁左右对称，所以可以只画其中一部分，中间用折断线省略一段长度。它是主梁骨架图，用来表达主梁内各种钢筋的编号、数量、直径、间距以及钢筋的布置及其定位尺寸、焊缝尺寸、主梁的外形尺寸等。钢筋编号宜标注在引出线末端的圆圈内，圆圈的直径为 4～8 mm。

（2）跨中断面图主要表达主梁内各种钢筋在跨中断面处的布置情况、定位尺寸以及主梁的外形尺寸。钢筋编号除了标注在圆圈内之外，也可标注在与钢筋断面图相对应的小方格内，如图中的上、下小方格中的数字就是与所在位置的钢筋断面图相对应的钢筋的编号。

（3）钢筋成型图也称钢筋大样或钢筋大样图。钢筋大样主要是用来表达各不同编号的钢筋的具体形状及加工尺寸，作为钢筋断料和加工成型的依据。当钢筋加工形状简单时，也可将钢筋大样绘制在钢筋明细表内。

（4）钢筋数量表也称钢筋明细表。在钢筋结构图中，一般都附有钢筋明细表，如图中所示的片主梁的钢筋明细表和钢筋总表，列出各不同编号的钢筋的编号、级别、直径、长度、根数、总长及总质量等。

## 3. 铁路 T 梁构造图示例

图 3-12 为速度 160 km/h 客货共线铁路预制后张法简支 T 梁的构造图。

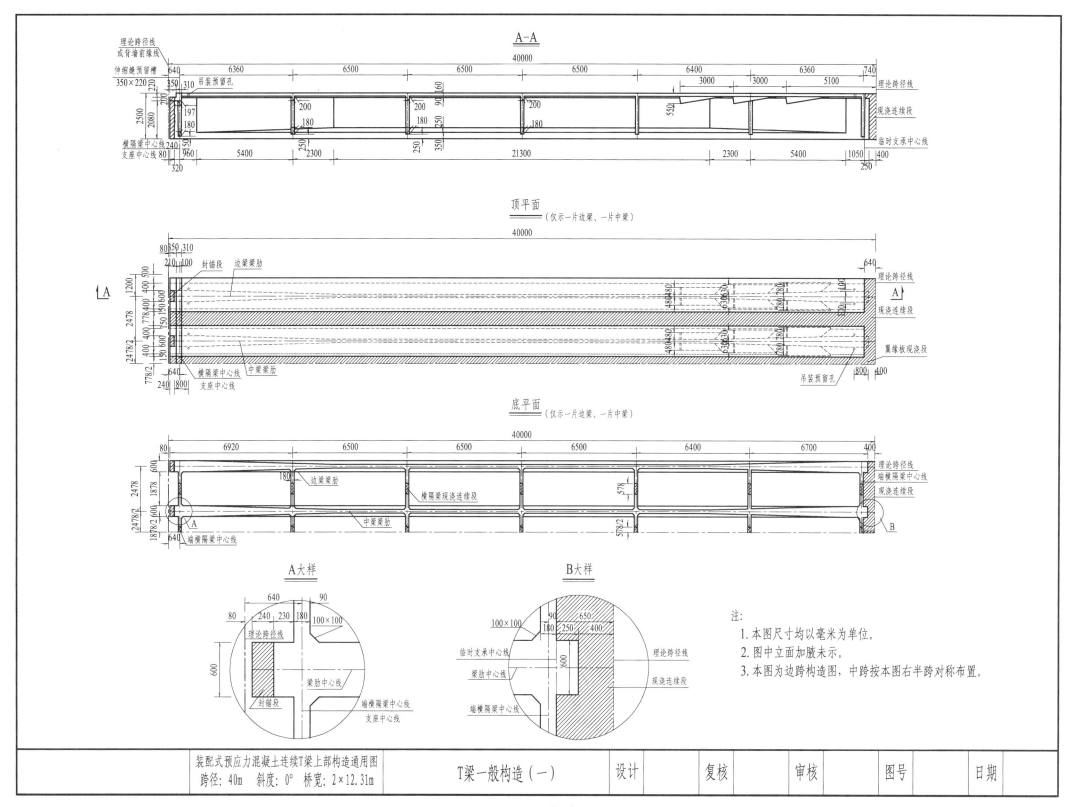

图 3-7 T 梁一般构造图（一）

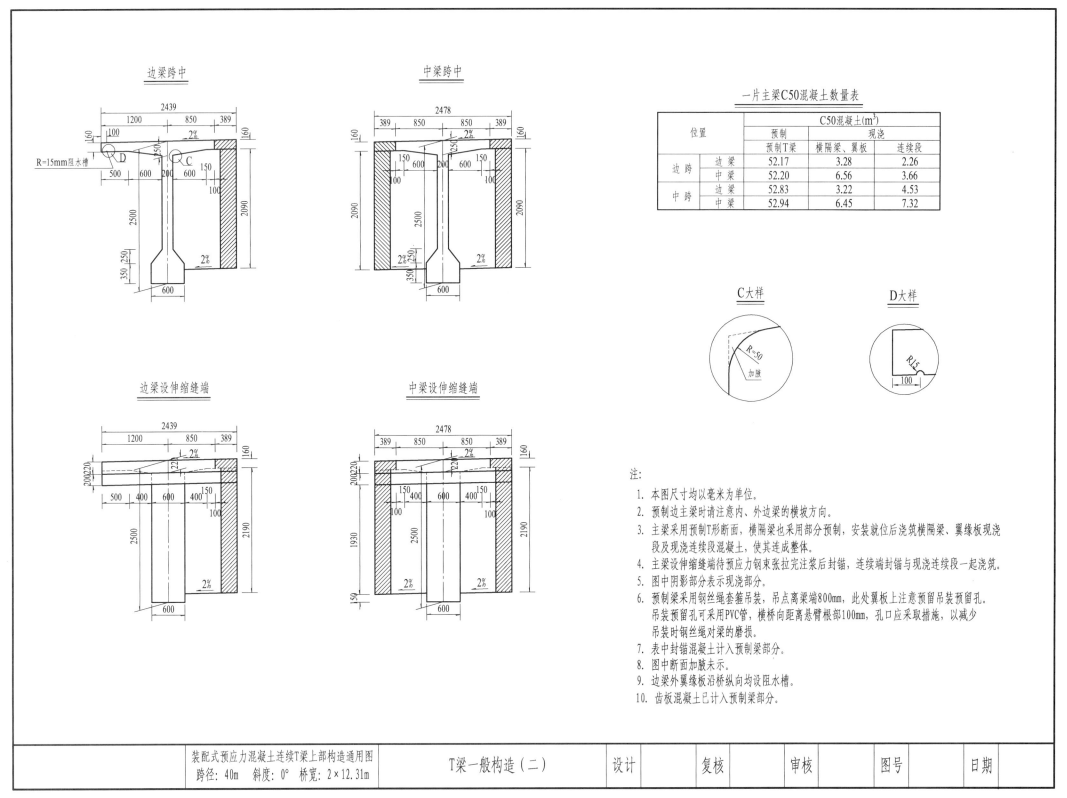

一片主梁C50混凝土数量表

| 位置 | | C50混凝土(m³) | | |
|---|---|---|---|---|
| | | 预制 | 现浇 | |
| | | 预制T梁 | 横隔梁、翼板 | 连续段 |
| 边跨 | 边梁 | 52.17 | 3.28 | 2.26 |
| | 中梁 | 52.20 | 6.56 | 3.66 |
| 中跨 | 边梁 | 52.83 | 3.22 | 4.53 |
| | 中梁 | 52.94 | 6.45 | 7.32 |

注:

1. 本图尺寸均以毫米为单位。
2. 预制边主梁时请注意内、外边梁的横坡方向。
3. 主梁采用预制T形断面,横隔梁也采用部分预制,安装就位后浇筑横隔梁、翼缘板现浇段及现浇连续段混凝土,使其连成整体。
4. 主梁设伸缩缝端待预应力钢束张拉完注浆后封锚,连续端封锚与现浇连续段一起浇筑。
5. 图中阴影部分表示现浇部分。
6. 预制梁采用钢丝绳套箍吊装,吊点离梁端800mm,此处翼板上注意预留吊装预留孔。吊装预留孔可采用PVC管,横桥向距离悬臂根部100mm,孔口应采取措施,以减少吊装时钢丝绳对梁的磨损。
7. 表中封锚混凝土计入预制梁部分。
8. 图中断面加腋未示。
9. 边梁外翼缘板沿桥纵向均设阻水槽。
10. 齿板混凝土已计入预制梁部分。

| 装配式预应力混凝土连续T梁上部构造通用图 跨径:40m 斜度:0° 桥宽:2×12.31m | T梁一般构造(二) | 设计 | | 复核 | | 审核 | | 图号 | | 日期 | |

图 3-8　T梁一般构造图(二)

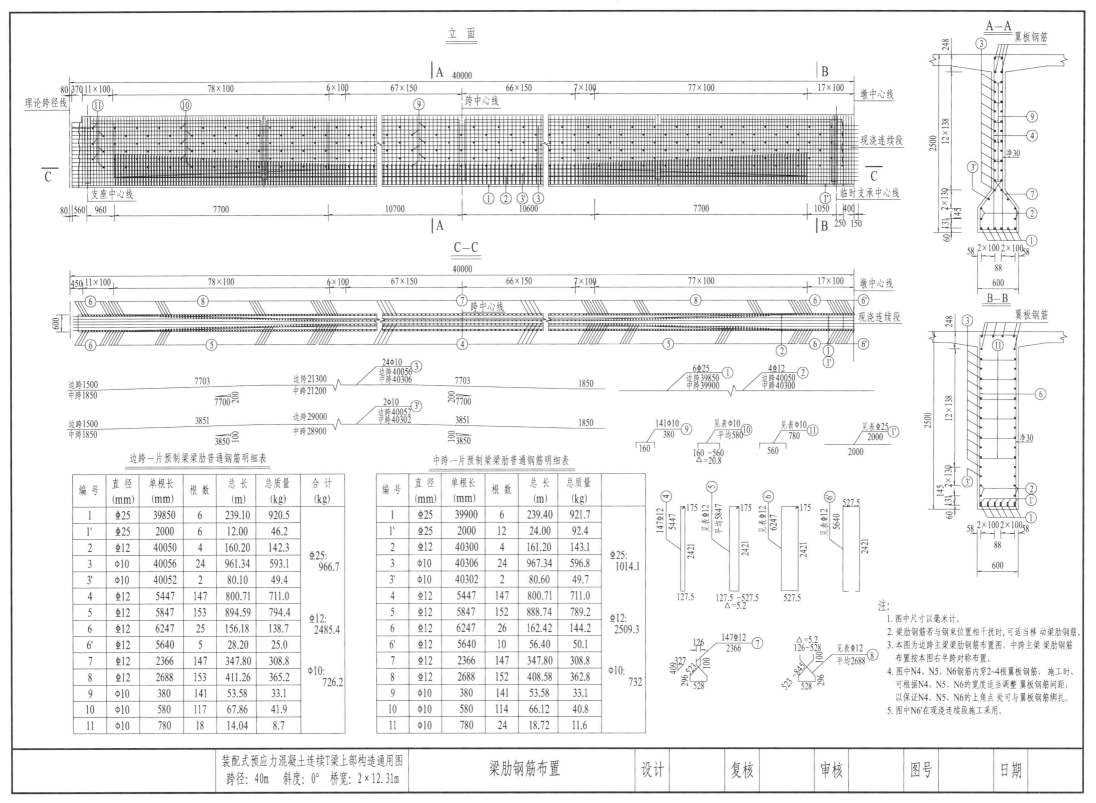

## 立面

## C—C

### 边跨一片预制梁梁肋普通钢筋明细表

| 编号 | 直径(mm) | 单根长(mm) | 根数 | 总长(m) | 总质量(kg) | 合计(kg) |
|---|---|---|---|---|---|---|
| 1 | Φ25 | 39850 | 6 | 239.10 | 920.5 | |
| 1' | Φ25 | 2000 | 6 | 12.00 | 46.2 | Φ25: 966.7 |
| 2 | Φ12 | 40050 | 4 | 160.20 | 142.3 | |
| 3 | Φ10 | 40056 | 24 | 961.34 | 593.1 | |
| 3' | Φ10 | 40052 | 2 | 80.10 | 49.4 | |
| 4 | Φ12 | 5447 | 147 | 800.71 | 711.0 | |
| 5 | Φ12 | 5847 | 153 | 894.59 | 794.4 | Φ12: 2485.4 |
| 6 | Φ12 | 6247 | 25 | 156.18 | 138.7 | |
| 6' | Φ12 | 5640 | 5 | 28.20 | 25.0 | |
| 7 | Φ12 | 2366 | 147 | 347.80 | 308.8 | |
| 8 | Φ12 | 2688 | 153 | 411.26 | 365.2 | Φ10: 726.2 |
| 9 | Φ10 | 380 | 141 | 53.58 | 33.1 | |
| 10 | Φ10 | 580 | 117 | 67.86 | 41.9 | |
| 11 | Φ10 | 780 | 18 | 14.04 | 8.7 | |

### 中跨一片预制梁梁肋普通钢筋明细表

| 编号 | 直径(mm) | 单根长(mm) | 根数 | 总长(m) | 总质量(kg) | 合计(kg) |
|---|---|---|---|---|---|---|
| 1 | Φ25 | 39900 | 6 | 239.40 | 921.7 | |
| 1' | Φ25 | 2000 | 12 | 24.00 | 92.4 | Φ25: 1014.1 |
| 2 | Φ12 | 40300 | 4 | 161.20 | 143.1 | |
| 3 | Φ10 | 40306 | 24 | 967.34 | 596.8 | |
| 3' | Φ10 | 40302 | 2 | 80.60 | 49.7 | |
| 4 | Φ12 | 5447 | 147 | 800.71 | 711.0 | |
| 5 | Φ12 | 5847 | 152 | 888.74 | 789.2 | Φ12: 2509.3 |
| 6 | Φ12 | 6247 | 26 | 162.42 | 144.2 | |
| 6' | Φ12 | 5640 | 10 | 56.40 | 50.1 | |
| 7 | Φ12 | 2366 | 147 | 347.80 | 308.8 | |
| 8 | Φ12 | 2688 | 152 | 408.58 | 362.8 | Φ10: 732 |
| 9 | Φ10 | 380 | 141 | 53.58 | 33.1 | |
| 10 | Φ10 | 580 | 114 | 66.12 | 40.8 | |
| 11 | Φ10 | 780 | 24 | 18.72 | 11.6 | |

注:
1. 图中尺寸以毫米计。
2. 梁肋钢筋若与钢束位置相干扰时,可适当移 动梁肋钢筋。
3. 本图为边跨主梁梁肋钢筋布置图,中跨主梁 梁肋钢筋 布置按本图右半跨对称布置。
4. 图中N4、N5、N6钢筋内穿2~4根翼板钢筋, 施工时, 可根据N4、N5、N6的宽度适当调整 翼板钢筋间距, 以保证N4、N5、N6的上角点 处可与翼板钢筋绑扎。
5. 图中N6'在现浇连续段施工采用。

| 装配式预应力混凝土连续T梁上部构造通用图<br>跨径: 40m 斜度: 0° 桥宽: 2×12.31m | 梁肋钢筋布置 | 设计 | 复核 | 审核 | 图号 | 日期 |
|---|---|---|---|---|---|---|

图 3-9 T梁钢筋构造图(一)

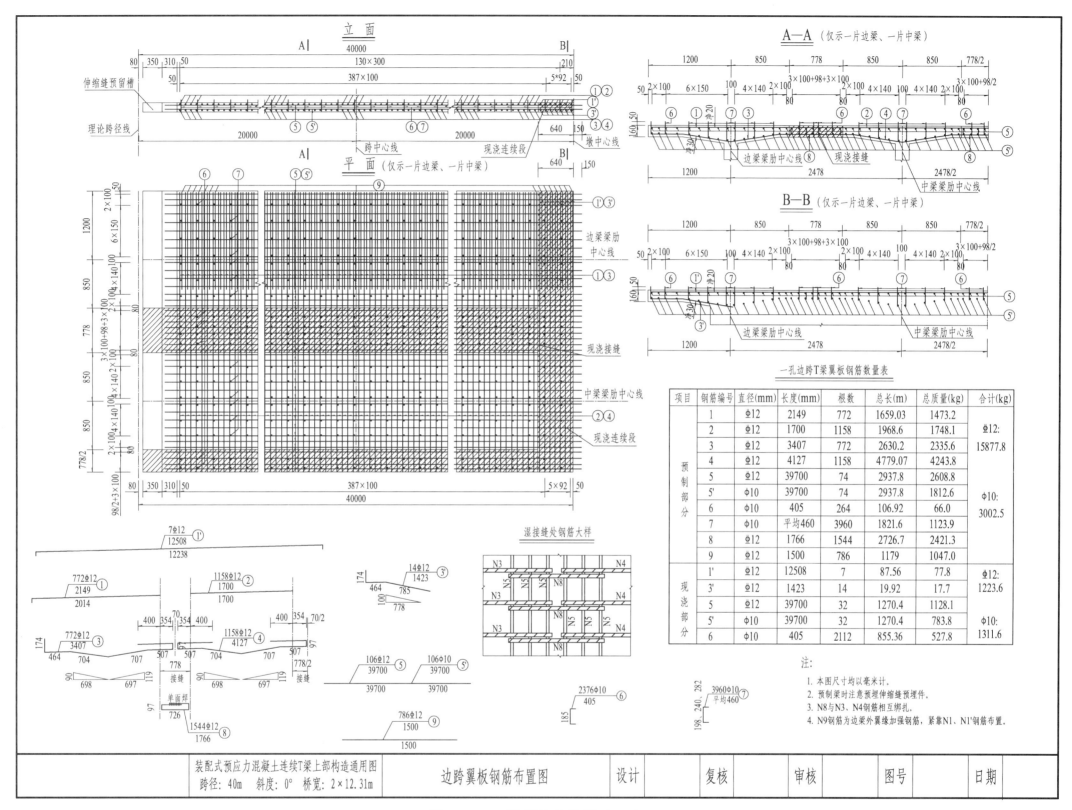

一孔边跨T梁翼板钢筋数量表

| 项目 | 钢筋编号 | 直径(mm) | 长度(mm) | 根数 | 总长(m) | 总质量(kg) | 合计(kg) |
|---|---|---|---|---|---|---|---|
| 预制部分 | 1 | Φ12 | 2149 | 772 | 1659.03 | 1473.2 | Φ12:<br>15877.8 |
| | 2 | Φ12 | 1700 | 1158 | 1968.6 | 1748.1 | |
| | 3 | Φ12 | 3407 | 772 | 2630.2 | 2335.6 | |
| | 4 | Φ12 | 4127 | 1158 | 4779.07 | 4243.8 | |
| | 5 | Φ12 | 39700 | 74 | 2937.8 | 2608.8 | |
| | 5' | Φ10 | 39700 | 74 | 2937.8 | 1812.6 | Φ10:<br>3002.5 |
| | 6 | Φ10 | 405 | 264 | 106.92 | 66.0 | |
| | 7 | Φ10 | 平均460 | 3960 | 1821.6 | 1123.9 | |
| | 8 | Φ12 | 1766 | 1544 | 2726.7 | 2421.3 | |
| | 9 | Φ12 | 1500 | 786 | 1179 | 1047.0 | |
| 现浇部分 | 1' | Φ12 | 12508 | 7 | 87.56 | 77.8 | Φ12:<br>1223.6 |
| | 3' | Φ12 | 1423 | 14 | 19.92 | 17.7 | |
| | 5 | Φ12 | 39700 | 32 | 1270.4 | 1128.1 | |
| | 5' | Φ10 | 39700 | 32 | 1270.4 | 783.8 | Φ10:<br>1311.6 |
| | 6 | Φ10 | 405 | 2112 | 855.36 | 527.8 | |

注:
1. 本图尺寸均以毫米计.
2. 预制梁时注意预埋伸缩缝预埋件.
3. N8与N3、N4钢筋相互绑扎.
4. N9钢筋为边梁外翼缘加强钢筋,紧靠N1、N1'钢筋布置.

| 装配式预应力混凝土连续T梁上部构造通用图<br>跨径:40m 斜度:0° 桥宽:2×12.31m | 边跨翼板钢筋布置图 | 设计 | 复核 | 审核 | 图号 | 日期 |
|---|---|---|---|---|---|---|

图 3-10　T梁钢筋构造图（二）

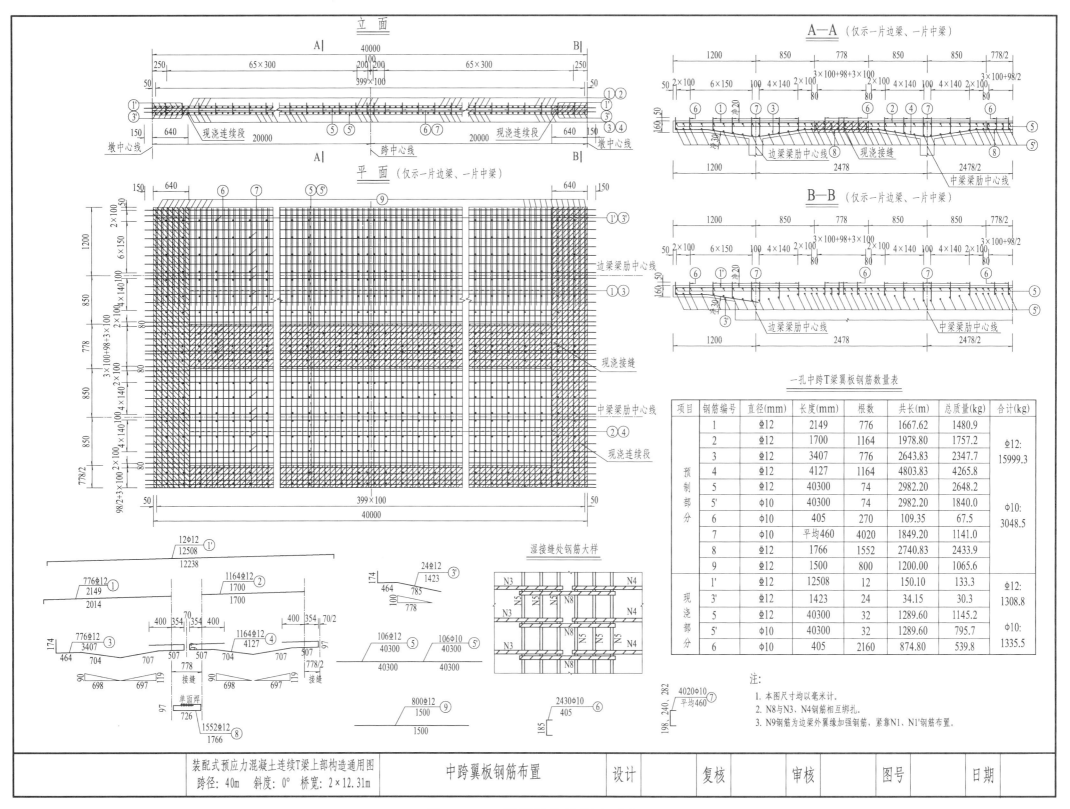

一孔中跨T梁翼板钢筋数量表

| 项目 | 钢筋编号 | 直径(mm) | 长度(mm) | 根数 | 共长(m) | 总质量(kg) | 合计(kg) |
|---|---|---|---|---|---|---|---|
| 预制部分 | 1 | Φ12 | 2149 | 776 | 1667.62 | 1480.9 | Φ12:<br>15999.3 |
| | 2 | Φ12 | 1700 | 1164 | 1978.80 | 1757.2 | |
| | 3 | Φ12 | 3407 | 776 | 2643.83 | 2347.7 | |
| | 4 | Φ12 | 4127 | 1164 | 4803.83 | 4265.8 | |
| | 5 | Φ12 | 40300 | 74 | 2982.20 | 2648.2 | |
| | 5' | Φ10 | 40300 | 74 | 2982.20 | 1840.0 | Φ10:<br>3048.5 |
| | 6 | Φ10 | 405 | 270 | 109.35 | 67.5 | |
| | 7 | Φ10 | 平均460 | 4020 | 1849.20 | 1141.0 | |
| | 8 | Φ12 | 1766 | 1552 | 2740.83 | 2433.9 | |
| | 9 | Φ12 | 1500 | 800 | 1200.00 | 1065.6 | |
| 现浇部分 | 1' | Φ12 | 12508 | 12 | 150.10 | 133.3 | Φ12:<br>1308.8 |
| | 3' | Φ12 | 1423 | 24 | 34.15 | 30.3 | |
| | 5 | Φ12 | 40300 | 32 | 1289.60 | 1145.2 | |
| | 5' | Φ10 | 40300 | 32 | 1289.60 | 795.7 | Φ10:<br>1335.5 |
| | 6 | Φ10 | 405 | 2160 | 874.80 | 539.8 | |

注:
1. 本图尺寸均以毫米计。
2. N8与N3、N4钢筋相互绑扎。
3. N9钢筋为边梁外翼缘加强钢筋,紧靠N1、N1'钢筋布置。

| 装配式预应力混凝土连续T梁上部构造通用图<br>跨径:40m  斜度:0°  桥宽:2×12.31m | 中跨翼板钢筋布置 | 设计 | 复核 | 审核 | 图号 | 日期 |
|---|---|---|---|---|---|---|

图 3-11  T梁钢筋构造图(三)

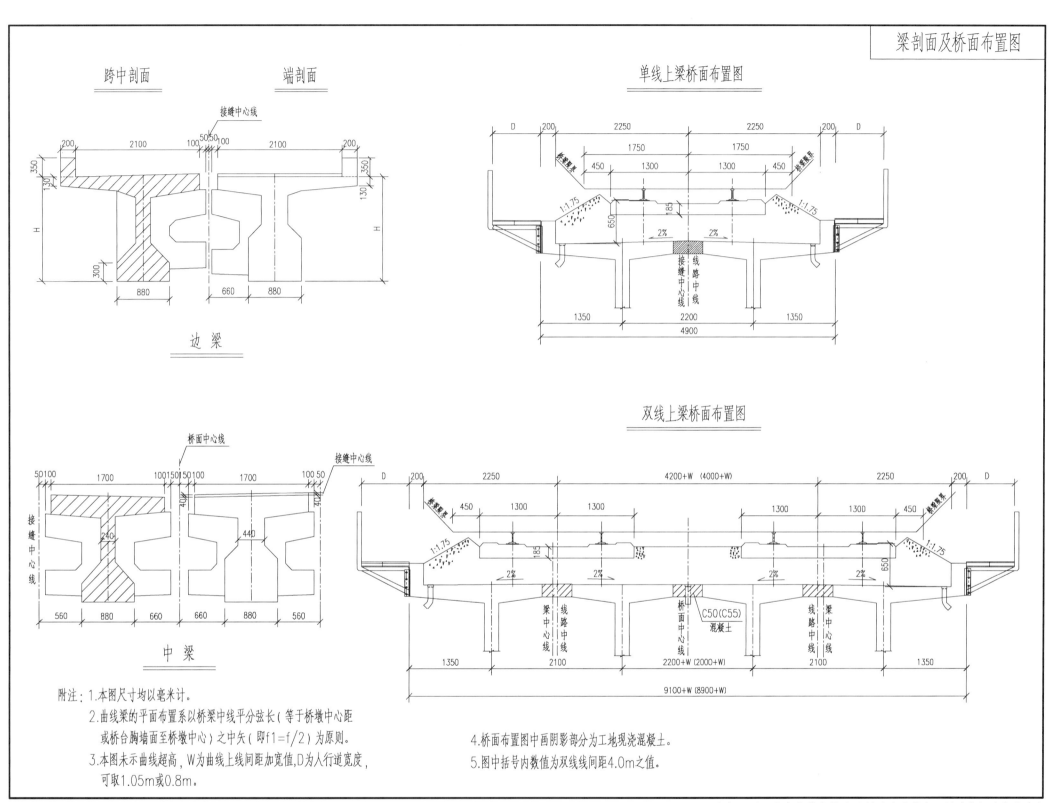

跨中剖面　　　　端剖面　　　　　　　单线上梁桥面布置图

边　梁

桥面中心线

接缝中心线

中　梁

附注：1.本图尺寸均以毫米计。
　　　2.曲线梁的平面布置系以桥梁中线平分弦长（等于桥墩中心距
　　　　或桥台胸墙面至桥墩中心）之中矢（即f1=f/2）为原则。
　　　3.本图未示曲线超高，W为曲线上线间距加宽值,D为人行道宽度,
　　　　可取1.05m或0.8m。

双线上梁桥面布置图

4.桥面布置图中画阴影部分为工地现浇混凝土。

5.图中括号内数值为双线线间距4.0m之值。

C50(C55)
混凝土

速度160 km/h客货共线铁路预制后张法简支T梁（角钢支架方案）

图 3-12　铁路 T 梁桥面布置图

## 五、实训项目

图 3-13～图 3-18 为一座桥梁的图纸，包括桥型布置图、梁的一般构造图和钢筋构造图，识图，并完成任务。

（1）看桥型布置图，回答下列问题：

① 桥梁全长为多少？主梁长为多少？

② 桥面布置：为＿＿＿，单幅为＿＿＿米（防撞护栏）＋＿＿＿米（机动车道）＋＿＿＿米（人行道）。

③ 主梁横截面形式为哪种？单幅几片梁？

④ 该桥桥面纵坡为多少？

⑤ 该桥桥面横坡为：车行道单向＿＿＿％，人行道单向＿＿＿％（向车道侧）。

⑥ 桥面铺装采用＿＿＿厘米防水混凝土，＿＿＿厘米沥青混凝土。沥青层采用二层，顶面层＿＿＿cm AC-16C 型沥青混凝土，沥青采用 SBS 改性剂，掺量为 4%，博尼维纤维掺量为 2.25 kg/t 沥青混凝土；下层为＿＿＿cm AC-16F 型中粒式沥青混凝土。

（2）看空心板一般构造图，结合桥型布置图，补全图中空缺的尺寸标注。

（3）看边板钢筋构造图，补全边板钢筋构造图中的钢筋明细表。

（4）看中板钢筋构造图，补全中板钢筋构造图中的钢筋明细表。

（5）选取适当的比例，手绘桥型布置图。

（6）用 CAD 软件绘制桥型布置图和主梁一般构造图。

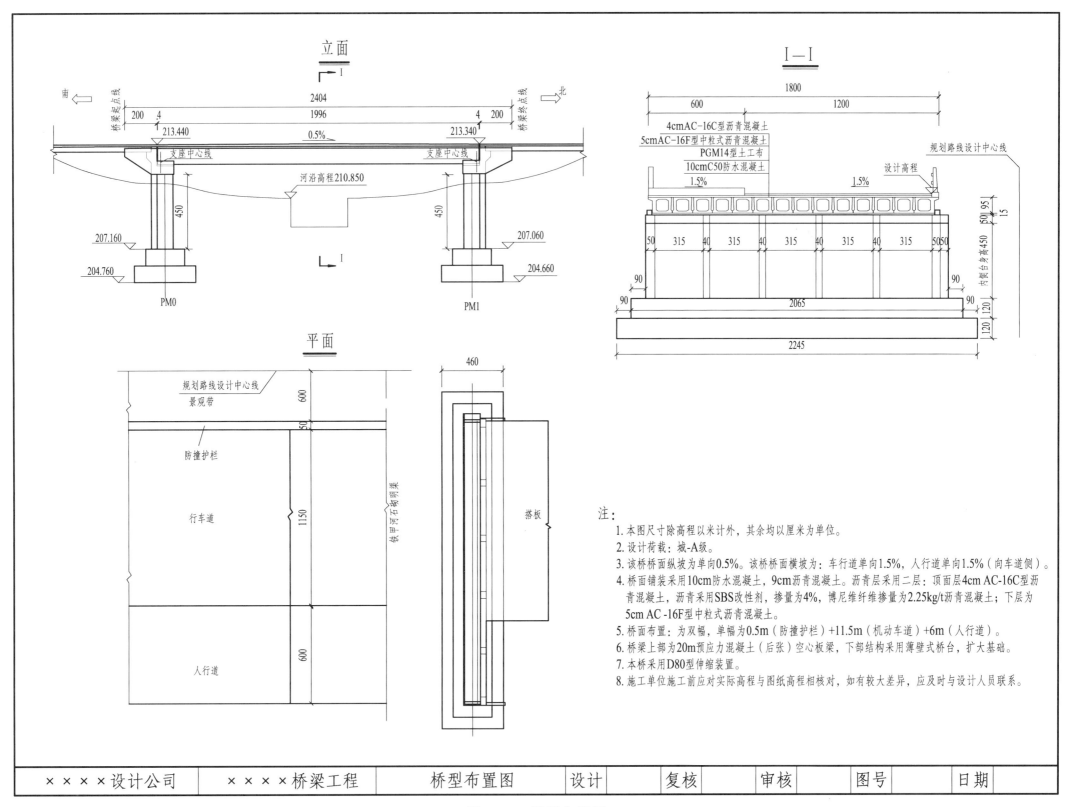

立面

I—I

平面

注：
1. 本图尺寸除高程以米计外，其余均以厘米为单位。
2. 设计荷载：城-A级。
3. 该桥桥面纵坡为单向0.5%。该桥桥面横坡为：车行道单向1.5%，人行道单向1.5%（向车道侧）。
4. 桥面铺装采用10cm防水混凝土，9cm沥青混凝土。沥青层采用二层：顶面层4cm AC-16C型沥青混凝土，沥青采用SBS改性剂，掺量为4%，博尼维纤维掺量为2.25kg/t沥青混凝土；下层为5cm AC-16F型中粒式沥青混凝土。
5. 桥面布置：为双幅，单幅为0.5m（防撞护栏）+11.5m（机动车道）+6m（人行道）。
6. 桥梁上部为20m预应力混凝土（后张）空心板梁，下部结构采用薄壁式桥台，扩大基础。
7. 本桥采用D80型伸缩装置。
8. 施工单位施工前应对实际高程与图纸高程相核对，如有较大差异，应及时与设计人员联系。

| ××××设计公司 | ××××桥梁工程 | 桥型布置图 | 设计 | | 复核 | | 审核 | | 图号 | | 日期 | |

图 3-13　桥型布置图

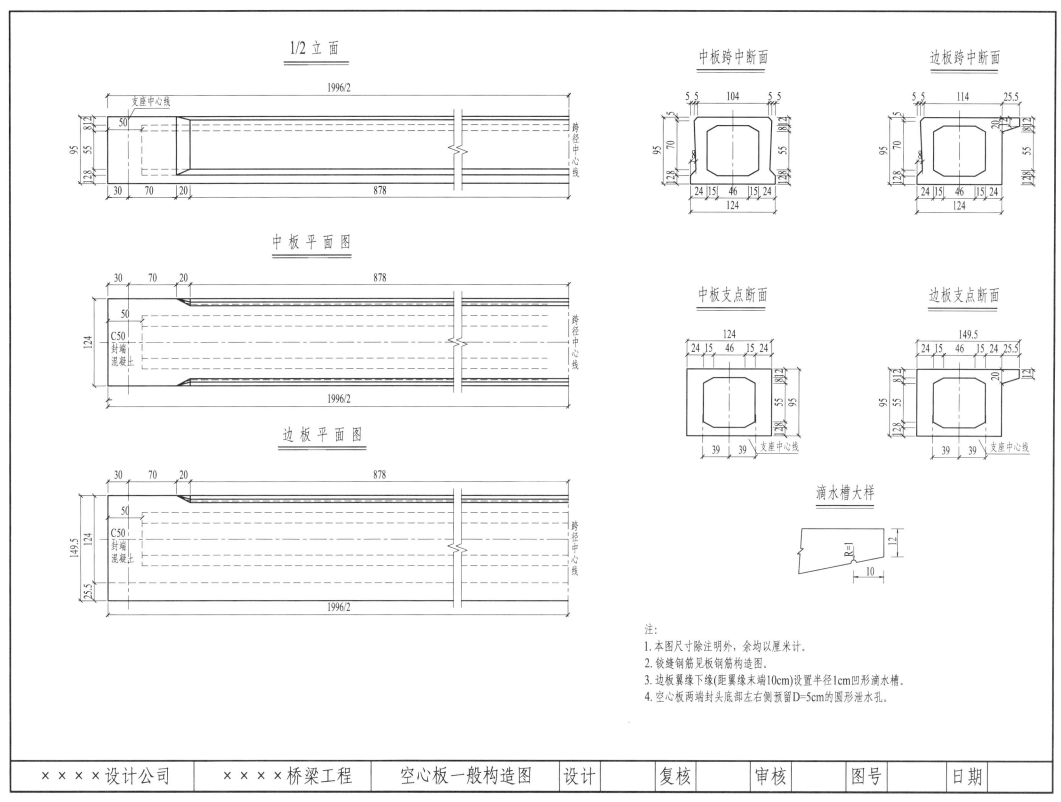

图 3-14　主梁一般构造图

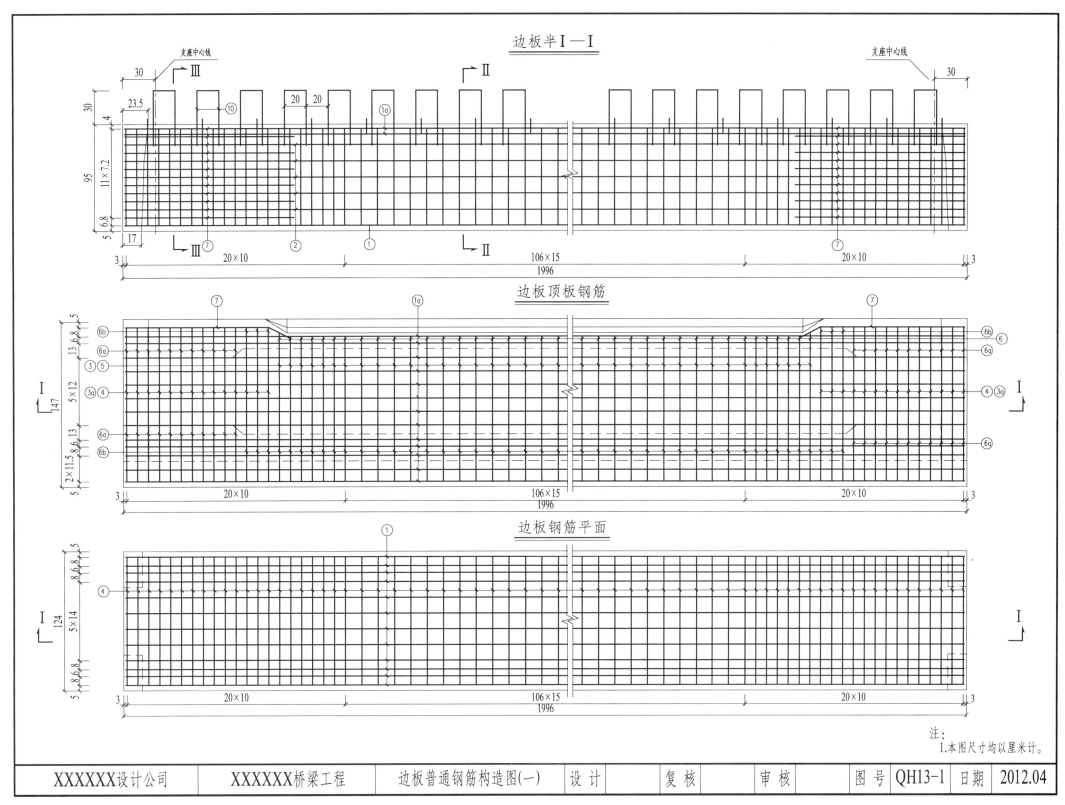

边板半 Ⅰ—Ⅰ

边板顶板钢筋

边板钢筋平面

注:
1.本图尺寸均以厘米计。

| XXXXXX设计公司 | XXXXXX桥梁工程 | 边板普通钢筋构造图(一) | 设 计 | | 复 核 | | 审 核 | | 图号 | QH13-1 | 日期 | 2012.04 |

图 3-15　边板钢筋构造图（一）

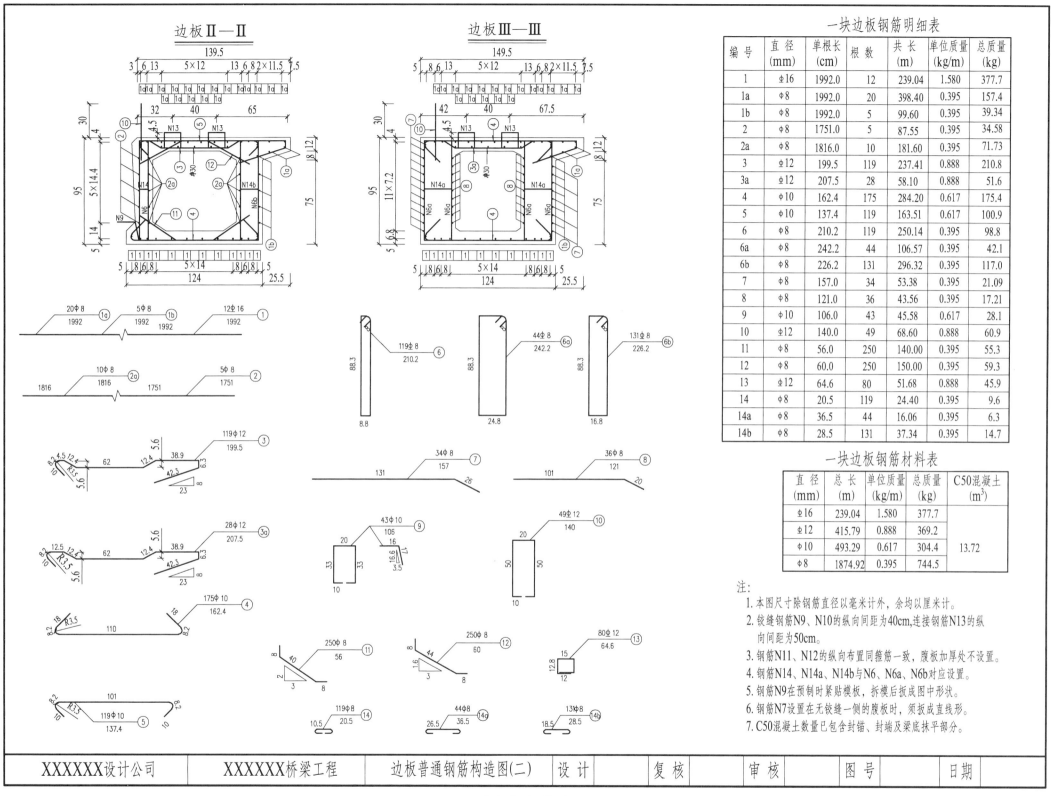

## 一块边板钢筋明细表

| 编号 | 直径 (mm) | 单根长 (cm) | 根数 | 共长 (m) | 单位质量 (kg/m) | 总质量 (kg) |
|---|---|---|---|---|---|---|
| 1 | φ16 | 1992.0 | 12 | 239.04 | 1.580 | 377.7 |
| 1a | φ8 | 1992.0 | 20 | 398.40 | 0.395 | 157.4 |
| 1b | φ8 | 1992.0 | 5 | 99.60 | 0.395 | 39.34 |
| 2 | φ8 | 1751.0 | 5 | 87.55 | 0.395 | 34.58 |
| 2a | φ8 | 1816.0 | 10 | 181.60 | 0.395 | 71.73 |
| 3 | φ12 | 199.5 | 119 | 237.41 | 0.888 | 210.8 |
| 3a | φ12 | 207.5 | 28 | 58.10 | 0.888 | 51.6 |
| 4 | φ10 | 162.4 | 175 | 284.20 | 0.617 | 175.4 |
| 5 | φ10 | 137.4 | 119 | 163.51 | 0.617 | 100.9 |
| 6 | φ8 | 210.2 | 119 | 250.14 | 0.395 | 98.8 |
| 6a | φ8 | 242.2 | 44 | 106.57 | 0.395 | 42.1 |
| 6b | φ8 | 226.2 | 131 | 296.32 | 0.395 | 117.0 |
| 7 | φ8 | 157.0 | 34 | 53.38 | 0.395 | 21.09 |
| 8 | φ8 | 121.0 | 36 | 43.56 | 0.395 | 17.21 |
| 9 | φ10 | 106.0 | 43 | 45.58 | 0.617 | 28.1 |
| 10 | φ12 | 140.0 | 49 | 68.60 | 0.888 | 60.9 |
| 11 | φ8 | 56.0 | 250 | 140.00 | 0.395 | 55.3 |
| 12 | φ8 | 60.0 | 250 | 150.00 | 0.395 | 59.3 |
| 13 | φ12 | 64.6 | 80 | 51.68 | 0.888 | 45.9 |
| 14 | φ8 | 20.5 | 119 | 24.40 | 0.395 | 9.6 |
| 14a | φ8 | 36.5 | 44 | 16.06 | 0.395 | 6.3 |
| 14b | φ8 | 28.5 | 131 | 37.34 | 0.395 | 14.7 |

## 一块边板钢筋材料表

| 直径 (mm) | 总长 (m) | 单位质量 (kg/m) | 总质量 (kg) | C50混凝土 (m³) |
|---|---|---|---|---|
| φ16 | 239.04 | 1.580 | 377.7 | |
| φ12 | 415.79 | 0.888 | 369.2 | |
| φ10 | 493.29 | 0.617 | 304.4 | 13.72 |
| φ8 | 1874.92 | 0.395 | 744.5 | |

注:
1. 本图尺寸除钢筋直径以毫米计外,余均以厘米计。
2. 铰缝钢筋N9、N10的纵向间距为40cm,连接钢筋N13的纵向间距为50cm。
3. 钢筋N11、N12的纵向布置同箍筋一致,腹板加厚处不设置。
4. 钢筋N14、N14a、N14b与N6、N6a、N6b对应设置。
5. 钢筋N9在预制时紧贴模板,拆模后扳成图中形状。
6. 钢筋N7设置在无铰缝一侧的腹板时,须扳成直线形。
7. C50混凝土数量已包含封锚、封端及梁底抹平部分。

| XXXXXX设计公司 | XXXXXX桥梁工程 | 边板普通钢筋构造图(二) | 设 计 | | 复 核 | | 审 核 | | 图 号 | | 日 期 | |

图 3-16　边板钢筋构造图（二）

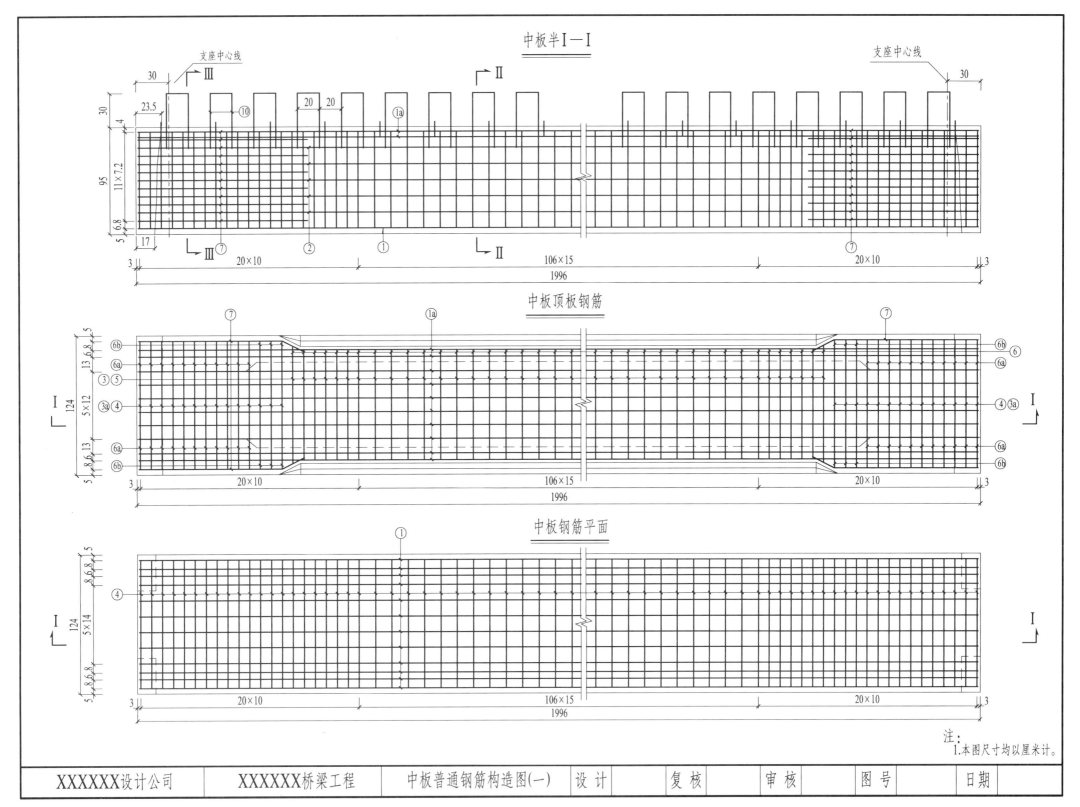

图 3-17 中板钢筋构造图（一）

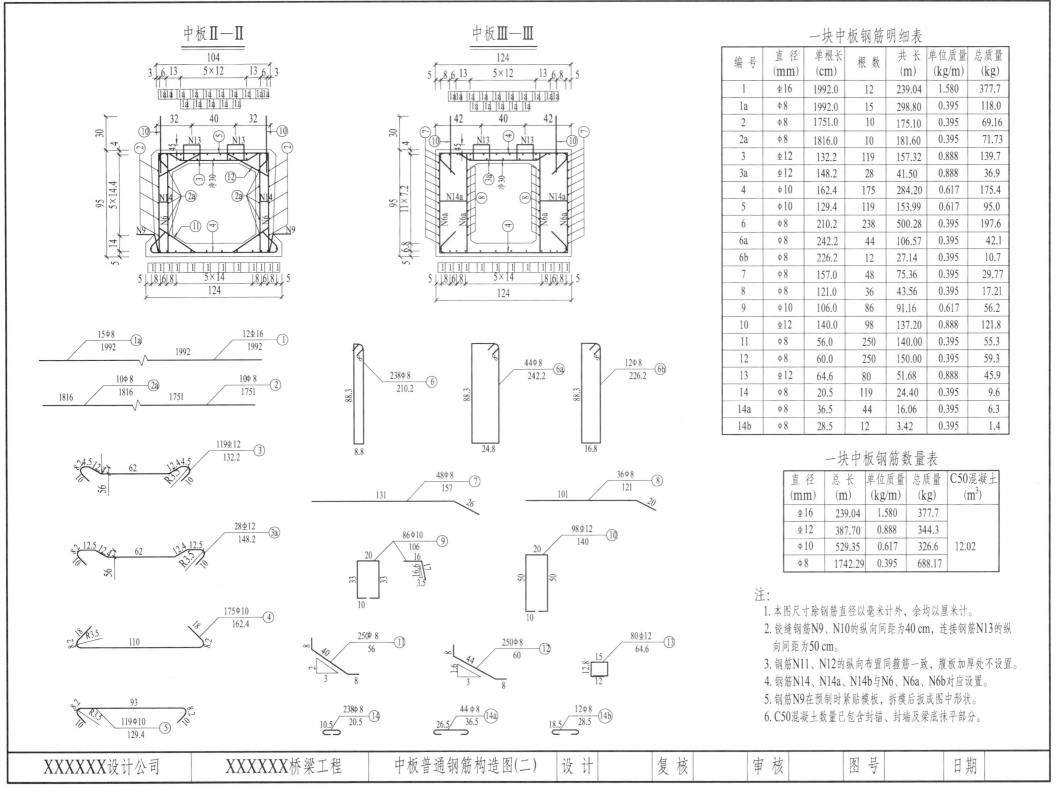

## 一块中板钢筋明细表

| 编号 | 直径 (mm) | 单根长 (cm) | 根数 | 共长 (m) | 单位质量 (kg/m) | 总质量 (kg) |
|---|---|---|---|---|---|---|
| 1 | Φ16 | 1992.0 | 12 | 239.04 | 1.580 | 377.7 |
| 1a | Φ8 | 1992.0 | 15 | 298.80 | 0.395 | 118.0 |
| 2 | Φ8 | 1751.0 | 10 | 175.10 | 0.395 | 69.16 |
| 2a | Φ8 | 1816.0 | 10 | 181.60 | 0.395 | 71.73 |
| 3 | Φ12 | 132.2 | 119 | 157.32 | 0.888 | 139.7 |
| 3a | Φ12 | 148.2 | 28 | 41.50 | 0.888 | 36.9 |
| 4 | Φ10 | 162.4 | 175 | 284.20 | 0.617 | 175.4 |
| 5 | Φ10 | 129.4 | 119 | 153.99 | 0.617 | 95.0 |
| 6 | Φ8 | 210.2 | 238 | 500.28 | 0.395 | 197.6 |
| 6a | Φ8 | 242.2 | 44 | 106.57 | 0.395 | 42.1 |
| 6b | Φ8 | 226.2 | 12 | 27.14 | 0.395 | 10.7 |
| 7 | Φ8 | 157.0 | 48 | 75.36 | 0.395 | 29.77 |
| 8 | Φ8 | 121.0 | 36 | 43.56 | 0.395 | 17.21 |
| 9 | Φ10 | 106.0 | 86 | 91.16 | 0.617 | 56.2 |
| 10 | Φ12 | 140.0 | 98 | 137.20 | 0.888 | 121.8 |
| 11 | Φ8 | 56.0 | 250 | 140.00 | 0.395 | 55.3 |
| 12 | Φ8 | 60.0 | 250 | 150.00 | 0.395 | 59.3 |
| 13 | Φ12 | 64.6 | 80 | 51.68 | 0.888 | 45.9 |
| 14 | Φ8 | 20.5 | 119 | 24.40 | 0.395 | 9.6 |
| 14a | Φ8 | 36.5 | 44 | 16.06 | 0.395 | 6.3 |
| 14b | Φ8 | 28.5 | 12 | 3.42 | 0.395 | 1.4 |

## 一块中板钢筋数量表

| 直径 (mm) | 总长 (m) | 单位质量 (kg/m) | 总质量 (kg) | C50混凝土 (m³) |
|---|---|---|---|---|
| Φ16 | 239.04 | 1.580 | 377.7 | |
| Φ12 | 387.70 | 0.888 | 344.3 | |
| Φ10 | 529.35 | 0.617 | 326.6 | 12.02 |
| Φ8 | 1742.29 | 0.395 | 688.17 | |

注:
1. 本图尺寸除钢筋直径以毫米计外,余均以厘米计。
2. 铰缝钢筋N9、N10的纵向间距为40 cm,连接钢筋N13的纵向间距为50 cm。
3. 钢筋N11、N12的纵向布置同箍筋一致,腹板加厚处不设置。
4. 钢筋N14、N14a、N14b与N6、N6a、N6b对应设置。
5. 钢筋N9在预制时紧贴模板,拆模后扳成图中形状。
6. C50混凝土数量已包含封锚、封端及梁底抹平部分。

| XXXXXX设计公司 | XXXXXX桥梁工程 | 中板普通钢筋构造图(二) | 设 计 | | 复 核 | | 审 核 | | 图 号 | | 日 期 | |

图 3-18  中板钢筋构造图(二)

# 项目四 桥梁墩台与基础施工图识图

## 一、实训目的与要求

（1）掌握铁路和公路桥梁墩台与基础识读的方法，能够独立完成实际桥梁墩台与基础的识读，并且能够根据施工图纸指导现场施工工作。

（2）掌握桥梁墩台与基础施工图的绘制方法，能够独立手绘并能够运用相关绘图软件绘制桥梁墩台与基础施工图。

（3）理解桥梁墩台与基础的构造。

（4）培养作为工程技术人员的严谨工作的素养。

## 二、配套知识

### （一）基础知识

桥梁墩台承受上部结构传来的荷载，并将荷载及桥梁墩台本身自重传给基础，基础再将上部所有荷载传递给地基。桥墩是指支撑相邻的两孔桥跨，居于桥梁的中间部位的结构物。桥台是指居于全桥的两端，前端支撑桥跨，后端与路基相连，起着支挡台后路基填土并把桥跨与路基连接起来的结构物。

#### 1. 桥梁墩台的分类

（1）按照受力形式划分，桥墩可分为刚性墩和柔性墩。

（2）按照构造划分，桥墩可以分为实体墩、空心墩、柱式墩、薄壁墩和框架墩。实体墩又可划分为重力式墩和轻型墩，而铁路上一般采用此种划分方法。

（3）按照截面形式划分，桥墩可分为圆形、矩形、圆端形和尖端形桥墩。

（4）按照构造形式划分，桥台可分为重力式桥台、轻型桥台和组合式桥台等。

① 重力式桥台一般有 U 形桥台、八字形桥台、埋置式桥台和一字形桥台。

② 轻型桥台一般有支承梁式、悬臂式、扶壁式、撑墙式及箱式等形式。

#### 2. 桥梁墩台的构造

桥梁墩台一般由基础、墩台身和墩台顶组成。重力式墩台的基础一般划归桥梁墩台的组成部分，而对于桩基础、沉井、沉箱的大型基础一般单独设计绘出施工图纸，不归入墩台组成部分。

#### 3. 桥梁基础的分类和构造

桥梁基础一般分为浅基础和深基础。浅基础包括明挖扩大基础、条形基础和地下连续墙基础，深基础一般包括桩基础、沉井和沉箱基础等形式。扩大基础根据是否进行配筋设计划分为刚性基础和柔性基础。桩基础根据受力形式可分为摩擦桩基础和端承桩基础。沉井基础一般根据基础的截面形式划分为圆形沉井和矩形沉井。桩基础由单个或多个基桩和支撑承台组成，沉井一般由刃脚、边墙、隔墙和辅助构造组成。扩大基础一般为矩形混凝土块，可以做成多个台阶的形式。

### （二）桥梁墩台立体图认识

#### 1. 桥 墩

桥墩如图 4-1、4-2 所示。

#### 2. 桥 台

桥台及构造如图 4-3～4-7 所示。

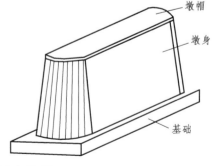

图 4-1 圆端形实体墩

图 4-2 双柱式桥墩

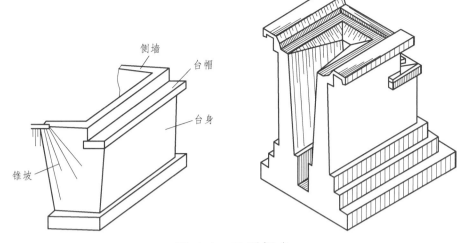

图 4-4 U 形桥台

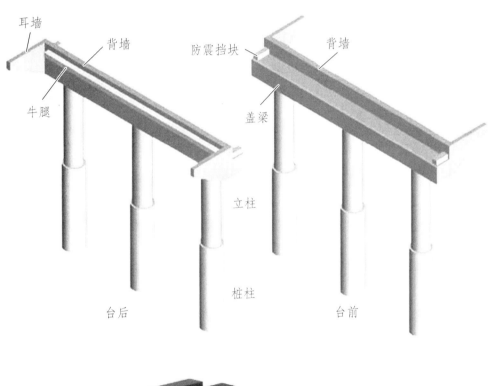

图 4-3 柱式有耳墙桥台

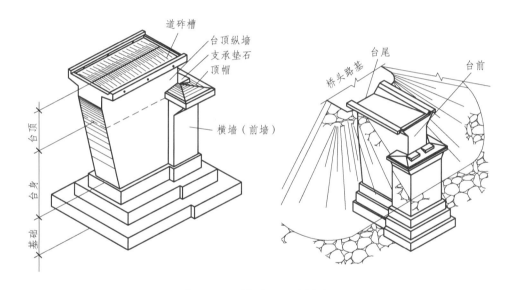

图 4-5 铁路 T 形桥台

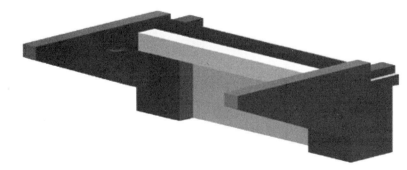

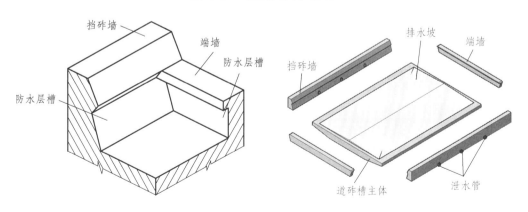

图 4-6 道砟槽

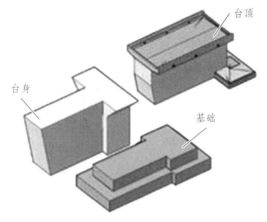

图 4-7  T 形桥台组成

## （三）桥梁墩台典型部件的投影图认识

如图 4-8～4-10 所示。

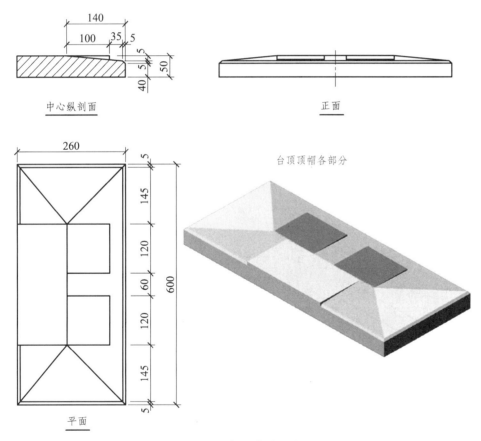

图 4-8  台顶帽投影图

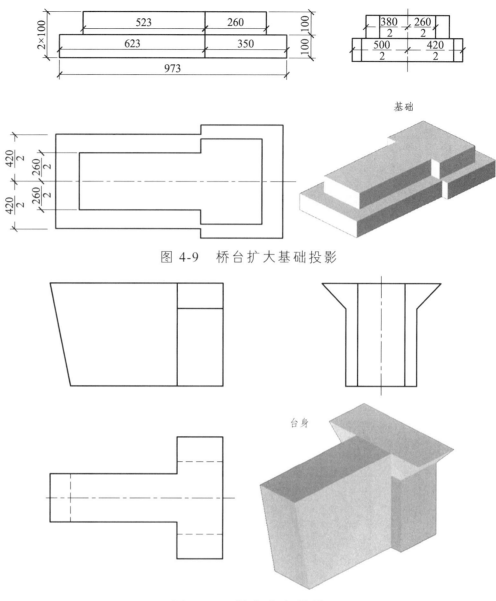

图 4-9  桥台扩大基础投影

图 4-10  桥台台身投影

## 三、桥梁墩台与基础施工图的图示方法

### 1. 桥墩施工图的图示方法

（1）桥墩一般构造图：立面、平面、侧面。

立面：采用剖切法，表示桥墩形状、长度与高度方向的位置、尺寸和高程。

平面：采用掀开法，表达桥墩各部分相对位置、形状、长度与宽度方向尺寸。

侧面：表达桥墩各部分相对位置、形状、长度与宽度方向尺寸。

（2）钢筋结构图：钢筋种类、样式和钢筋数量表。

### 2. 桥台施工图的图示方法

（1）桥台一般构造图：立面、平面、侧面。

立面：采用剖切法，表示桥台形状、长度与高度方向的位置、尺寸和高程。

平面：采用掀开法，表达桥台各部分相对位置、形状、长度与宽度方向尺寸。

侧面：由台前图和台后图各取一半合并而成，表达桥台各部分相对位置、形状、长度与宽度方向尺寸。

（2）钢筋结构图：钢筋种类、样式和钢筋数量表。

### 3. 基础施工图的图示方法

（1）基础一般构造图：剖面、平面。

剖面：采用剖切法，表示基础形状、长度与高度方向的位置、尺寸和高程。

平面：采用掀开法，表达基础各部分相对位置、形状、长度与宽度方向尺寸。

（2）钢筋结构图：钢筋种类、样式和钢筋数量表。

## 四、桥梁墩台与基础施工图的识读步骤

桥梁墩台和基础施工图一般包括总体构造图、墩台帽构造图和配筋图。先读一般构造图，再读钢筋结构图。

（1）阅读标题栏和附注（说明），了解桥墩的名称、尺寸单位以及有关施工、材料等方面的技术要求。

（2）阅读各视图的名称，弄清获得各视图的投射方向以及各视图间的对应关系。

（3）找出桥墩台或基础各组成部分的投影，弄清它们的形状和大小。

（4）综合各部分的形状和大小，以及它们之间的相对位置，可以想象出桥墩台或基础的总体形状和大小。

## 五、桥梁墩台与基础的识读内容

（1）桥墩总图：墩帽、墩身、基础的形状、尺寸和材料，正面图和半正面图为按照线路方向投射桥墩所得的视图。

（2）墩帽图：较大的比例单独画出的墩帽图。正面图和侧面图中的虚线是材料分界线，点画线是柱面的轴线。

（3）配筋图：墩帽钢筋布置图提供墩帽部分的钢筋布置情况，墩帽形状和配筋情况不太复杂时也可将墩帽钢筋布置图与墩帽图合画在一起，没有单独绘制。

（4）桥台总图：包括桥台的侧面、半平面及半基顶剖面、半正面及半背面等几个视图。桥台的整体形状、大小以及桥台与线路的相对位置关系。

（5）台顶构造图：用较大的比例画出台顶构造图。

（6）顶帽和道砟槽的钢筋布置图：顶帽和道砟槽内钢筋的布置情况。

（7）基础详图：基础的尺寸、构造、材料、埋置深度及内部配筋情况。

## 六、实训示例

图 4-11 和图 4-12 为 U 形桥台一般构造图纸，图 4-13 为连续梁桥柱式桥墩桥台一般构造图纸，图 4-14 为铁路实体重力式桥墩一般构造图纸，图 4-15 为铁路 T 形桥台一般构造图纸，图 4-16 为铁路 T 形桥台台顶构造图，图 4-17 为钻孔桩配筋图。以图 4-11 和图 4-12 为例，部分识读内容示例如下。

### 1. 桥台的类型和总体尺寸

桥台为 U 形桥台，全桥的两个桥台合并画在了一张图纸中，并且只是桥台顺桥向长度尺寸和桥台高不同，一个为 6.9 m 长，另一个为 7.4 m 长，一个为 4.9 m 高，另一个为 4.5 m 高。两桥台宽度都为 6 m 宽。

### 2. 桥台基础

桥台基础为一个台阶的扩大基础，基础宽都为 8 m，一个为 8.05 m 长，另一个为 5.95 m 长。

### 3. 桥台材料

根据桥台材料数量表可以知道，桥台台身为 C7.5 浆砌块式材料，台帽为 C30 混凝土现浇，基础为 C15 片石混凝土材料。

### 4. 台帽尺寸

台帽长为 6.5 m，宽 1 m，并且在台前部分有 5×27.5 cm 的倒角坡，在台

帽上浇筑有混凝土垫石。

### 5. 桥台侧墙

桥台侧墙左右两边和两个桥台尺寸均不相同，底部宽度为 2.4 m 和 2.286 m，墙顶部宽度为 1 m 和 0.99 m，在桥台侧墙外侧为垂直坡，内侧为从上至下的顺坡。

### 6. 支座垫石

支座垫石尺寸直接画在了桥台平面图上，并没有像 T 形桥台那样专门绘制台顶平面图。支座垫石总共有 8 个，可以安放 2 片边梁和 2 片中梁。支座垫石中心间距为 1.03 m，支座垫石长 78 cm，长和高无法通过此图读出来。可以推测应该还有支座垫石的构造图和配筋图。

### 7. 桥台前墙

前墙墙后有顺坡，胸墙处有帽石台阶。墙横向长度都为 6.5 m，底部宽有 3.025 m 和 2.925 m 两种，顶部宽都为 1 m。

### 8. 胸 墙

胸墙高度有 3.402 m 和 3.002 m 两种，横向长度都为 6.5 m，并且和前墙构成整体。

### 9. 基础和台身连接

基础在横向和台身一样宽度，在顺桥纵向基础要大，在台前长 75 cm，在台后长 50 cm。

### 10. 桥台坡度

通过纵剖面图分析，两桥台帽石顶面高程不相同，桥梁存在纵向坡度。两侧墙向内的横向顺坡为 3.5∶1。

## 七、实训项目

（1）请手绘出图 4-15 和图 4-16。
（2）请利用 AutoCAD 绘制出图 4-13 和图 4-14。
（3）请问工程施工图纸中的沉井基础可以是钢制的吗？
（4）请对图 4-17 中的钢筋类型、形状和长度进行小组讨论。
（5）请根据图 4-17 中的钢筋图制定钢筋下料计划。

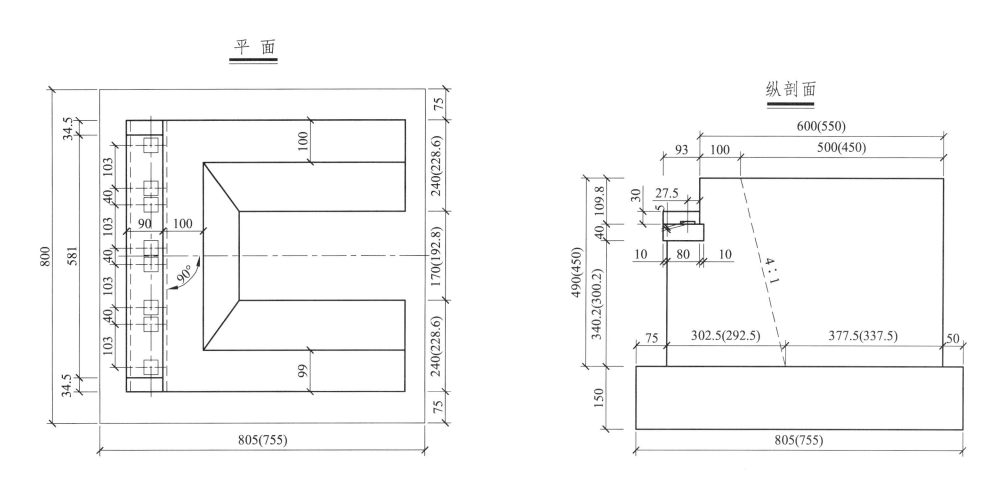

图 4-11　U 形桥台平面和截面图

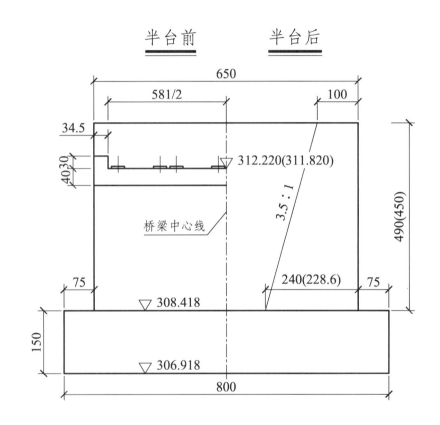

半台前　半台后

桥台材料数量表

| 台 号 | C30混凝土台帽 (m³) | C7.5砂浆砌块石台身 (m³) | C15片石混凝土基础 (m³) | 挖方 (m³) | 回填方 (m³) |
|---|---|---|---|---|---|
| 0号台 | 2.79 | 140.5 | 96.6 | 365 | 236 |
| 2号台 | 2.79 | 118.2 | 90.6 | 317 | 210 |
| 全桥合计 | 5.58 | 258.7 | 187.2 | 682 | 446 |

注
1. 本图尺寸除高程以米计外，余均以厘米计。
2. 桥台基底承载力为350 kPa。
3. 桥台支座采用GYZ-Q250×42型（天然胶）支座，球冠高度6 mm，共计16块。
4. 括号外数值为0号台数值，括号内数值为2号台数值。

图 4-12　U 形桥台台正面和背面半立面图

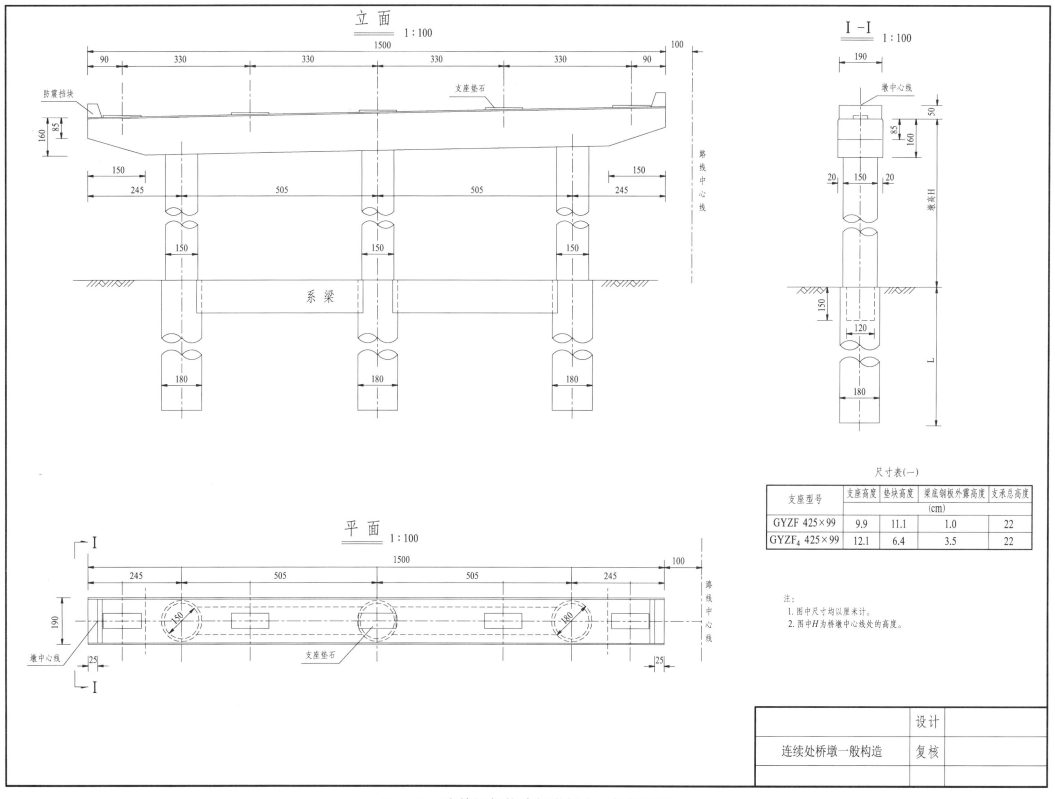

图 4-13　连续梁桥柱式桥墩桥台一般构造图

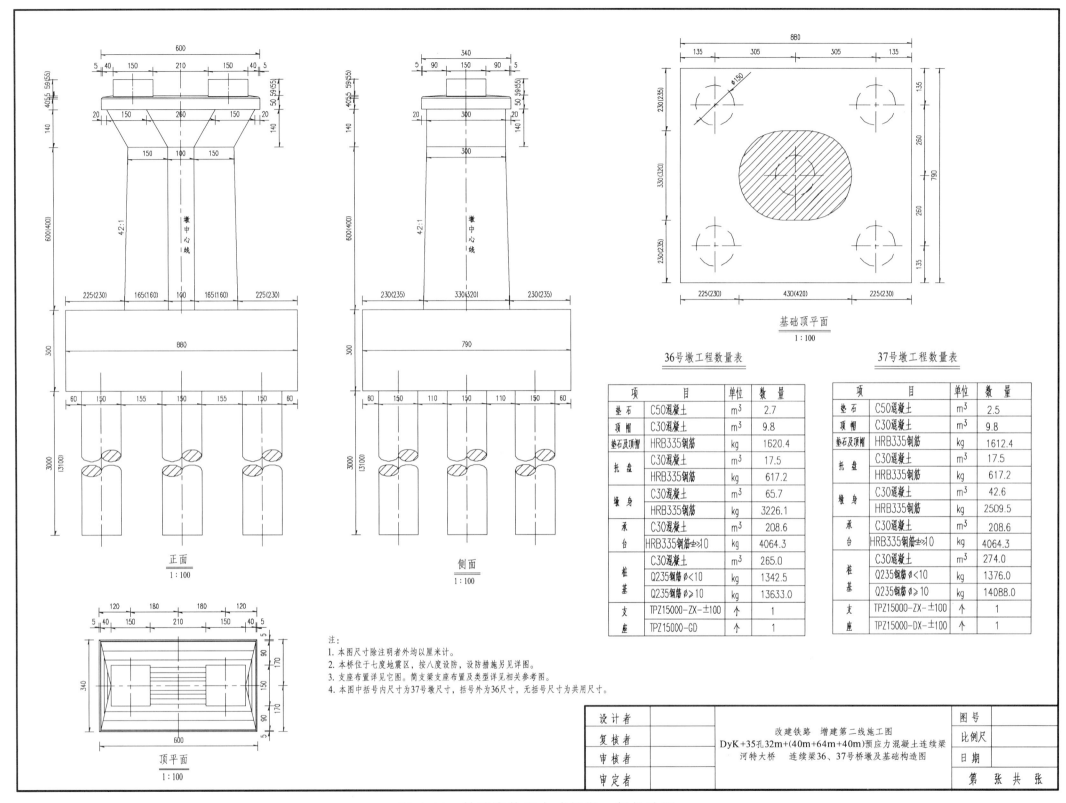

注:
1. 本图尺寸除注明者外均以厘米计。
2. 本桥位于七度地震区,按八度设防,设防措施另见详图。
3. 支座布置详见它图。简支梁支座布置及类型详见相关参考图。
4. 图中括号内尺寸为37号墩尺寸,括号外为36尺寸,无括号尺寸为共用尺寸。

正面
1:100

侧面
1:100

基础顶平面
1:100

顶平面
1:100

36号墩工程数量表

| 项 目 | | 单位 | 数 量 |
|---|---|---|---|
| 垫石 | C50混凝土 | m³ | 2.7 |
| 顶帽 | C30混凝土 | m³ | 9.8 |
| 垫石及顶帽 | HRB335钢筋 | kg | 1620.4 |
| 托盘 | C30混凝土 | m³ | 17.5 |
| | HRB335钢筋 | kg | 617.2 |
| 墩身 | C30混凝土 | m³ | 65.7 |
| | HRB335钢筋 | kg | 3226.1 |
| 承台 | C30混凝土 | m³ | 208.6 |
| | HRB335钢筋 ∅≥10 | kg | 4064.3 |
| 桩基 | C30混凝土 | m³ | 265.0 |
| | Q235钢筋 ∅<10 | kg | 1342.5 |
| | Q235钢筋 ∅≥10 | kg | 13633.0 |
| 支座 | TPZ15000-ZX-±100 | 个 | 1 |
| | TPZ15000-GD | 个 | 1 |

37号墩工程数量表

| 项 目 | | 单位 | 数 量 |
|---|---|---|---|
| 垫石 | C50混凝土 | m³ | 2.5 |
| 顶帽 | C30混凝土 | m³ | 9.8 |
| 垫石及顶帽 | HRB335钢筋 | kg | 1612.4 |
| 托盘 | C30混凝土 | m³ | 17.5 |
| | HRB335钢筋 | kg | 617.2 |
| 墩身 | C30混凝土 | m³ | 42.6 |
| | HRB335钢筋 | kg | 2509.5 |
| 承台 | C30混凝土 | m³ | 208.6 |
| | HRB335钢筋 ∅≥10 | kg | 4064.3 |
| 桩基 | C30混凝土 | m³ | 274.0 |
| | Q235钢筋 ∅<10 | kg | 1376.0 |
| | Q235钢筋 ∅≥10 | kg | 14088.0 |
| 支座 | TPZ15000-ZX-±100 | 个 | 1 |
| | TPZ15000-DX-±100 | 个 | 1 |

| 设计者 | | 改建铁路 增建第二线施工图 | 图号 | |
|---|---|---|---|---|
| 复核者 | | DyK+35孔32m+(40m+64m+40m)预应力混凝土连续梁 | 比例尺 | |
| 审核者 | | 河特大桥 连续梁36、37号桥墩及基础构造图 | 日期 | |
| 审定者 | | | 第 张 共 张 | |

图 4-14 铁路实体重力式桥墩一般构造图

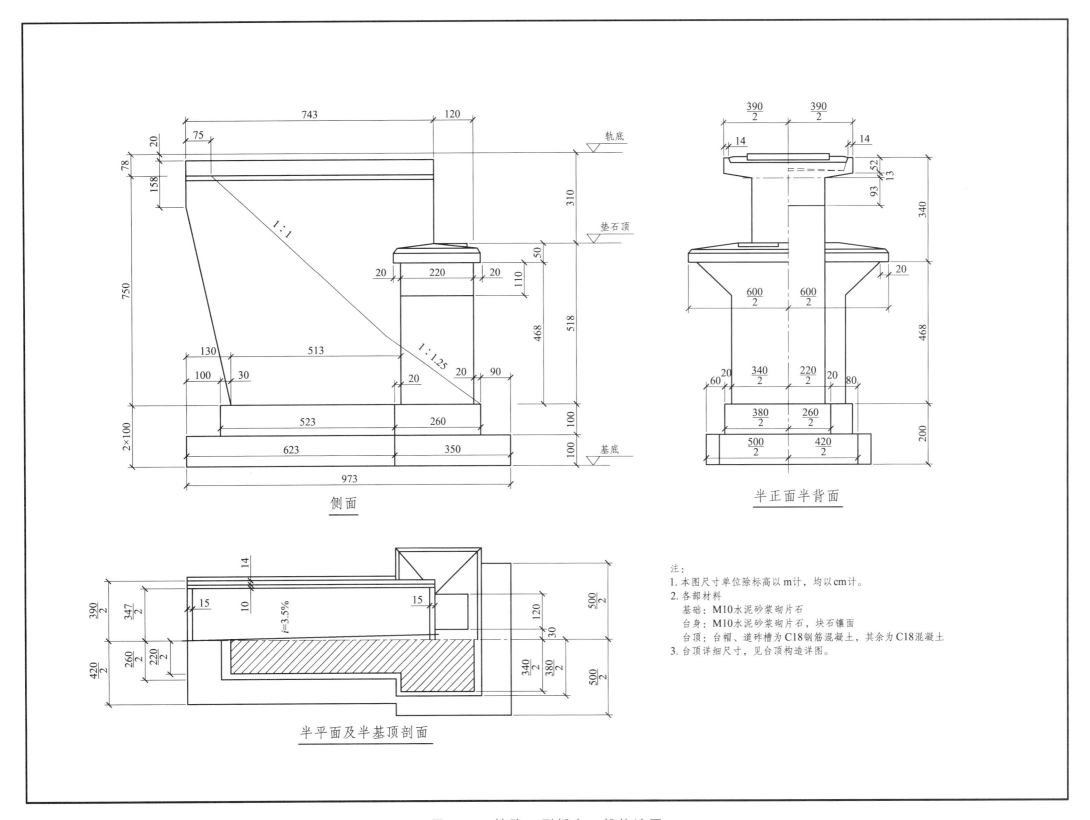

侧面

半正面半背面

半平面及半基顶剖面

注：
1. 本图尺寸单位除标高以 m 计，均以 cm 计。
2. 各部材料
　　基础：M10 水泥砂浆砌片石
　　台身：M10 水泥砂浆砌片石，块石镶面
　　台顶：台帽、道砟槽为 C18 钢筋混凝土，其余为 C18 混凝土
3. 台顶详细尺寸，见台顶构造详图。

图 4-15　铁路 T 形桥台一般构造图

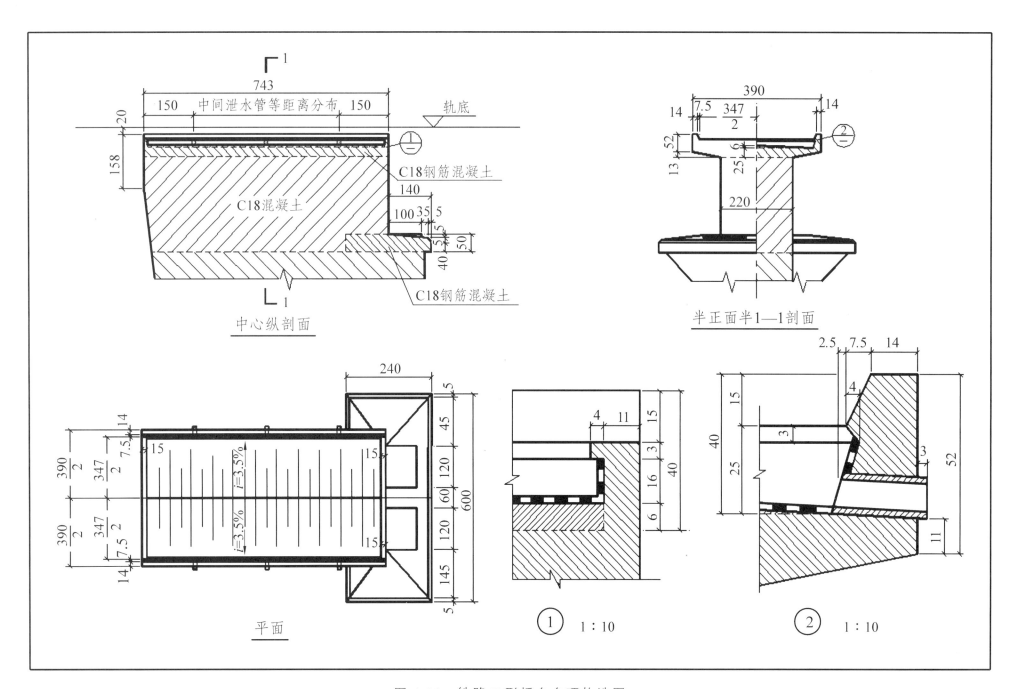

图 4-16 铁路 T 形桥台台顶构造图

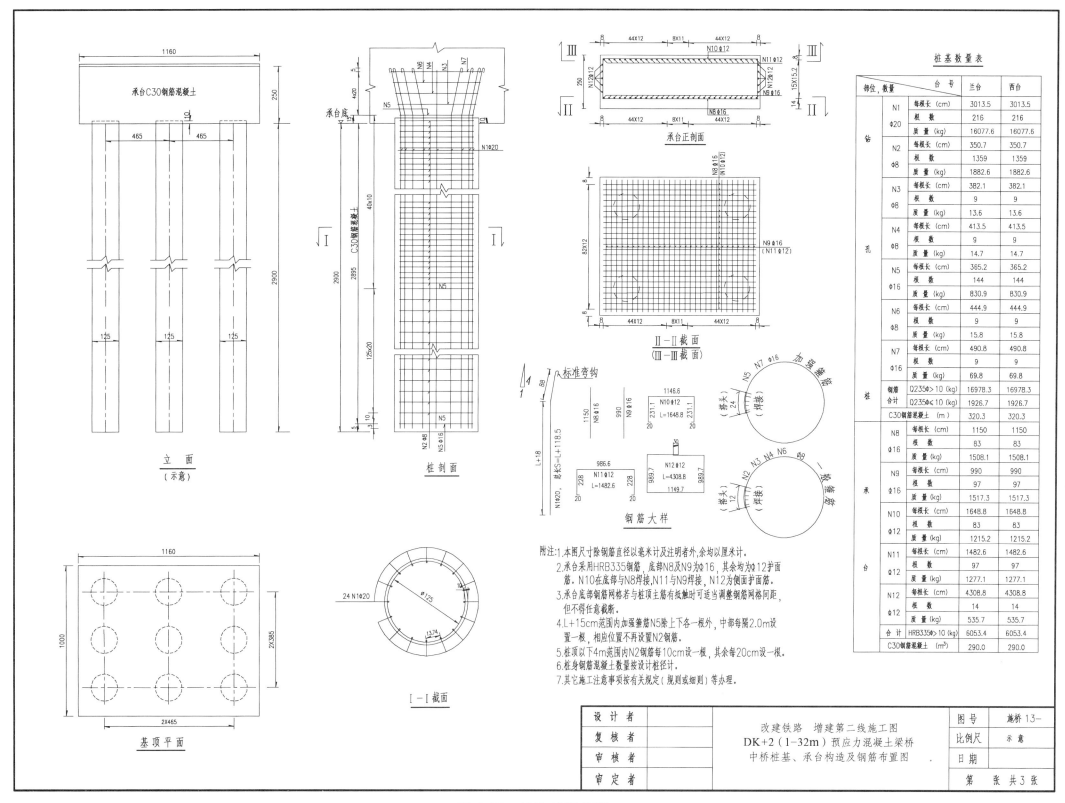

附注:1.本图尺寸除钢筋直径以毫米计及注明者外,余均以厘米计。
2.承台采用HRB335钢筋,底部N8及N9为Φ16,其余均为Φ12护面筋。N10在底部与N8焊接,N11与N9焊接,N12为侧面护面筋。
3.承台底部钢筋网格若与桩顶主筋有抵触时可适当调整钢筋网格间距,但不得任意截断。
4.L+15cm范围内加强箍筋N5除上下各一根外,中部每隔2.0m设置一根,相应位置不再设置N2钢筋。
5.桩顶以下4m范围内N2钢筋每10cm设一根,其余每20cm设一根。
6.桩身钢筋混凝土数量按设计桩径计。
7.其它施工注意事项按有关规定(规则或细则)等办理。

桩基数量表

| 部位 | 数量 | | 台 号 | 兰台 | 西台 |
|---|---|---|---|---|---|
| 钻 孔 桩 | N1 Φ20 | 每根长 (cm) | | 3013.5 | 3013.5 |
| | | 根 数 | | 216 | 216 |
| | | 质 量 (kg) | | 16077.6 | 16077.6 |
| | N2 Φ8 | 每根长 (cm) | | 350.7 | 350.7 |
| | | 根 数 | | 1359 | 1359 |
| | | 质 量 (kg) | | 1882.6 | 1882.6 |
| | N3 Φ8 | 每根长 (cm) | | 382.1 | 382.1 |
| | | 根 数 | | 9 | 9 |
| | | 质 量 (kg) | | 13.6 | 13.6 |
| | N4 Φ8 | 每根长 (cm) | | 413.5 | 413.5 |
| | | 根 数 | | 9 | 9 |
| | | 质 量 (kg) | | 14.7 | 14.7 |
| | N5 Φ16 | 每根长 (cm) | | 365.2 | 365.2 |
| | | 根 数 | | 144 | 144 |
| | | 质 量 (kg) | | 830.9 | 830.9 |
| | N6 Φ8 | 每根长 (cm) | | 444.9 | 444.9 |
| | | 根 数 | | 9 | 9 |
| | | 质 量 (kg) | | 15.8 | 15.8 |
| | N7 Φ16 | 每根长 (cm) | | 490.8 | 490.8 |
| | | 根 数 | | | |
| | | 质 量 (kg) | | 69.8 | 69.8 |
| 钢筋合计 | | Q235>10 (kg) | | 16978.3 | 16978.3 |
| | | Q235Φ≤10 (kg) | | 1926.7 | 1926.7 |
| | C30钢筋混凝土 (m³) | | | 320.3 | 320.3 |
| 承 台 | N8 Φ16 | 每根长 (cm) | | 1150 | 1150 |
| | | 根 数 | | 83 | 83 |
| | | 质 量 (kg) | | 1508.1 | 1508.1 |
| | N9 Φ16 | 每根长 (cm) | | 990 | 990 |
| | | 根 数 | | 97 | 97 |
| | | 质 量 (kg) | | 1517.3 | 1517.3 |
| | N10 Φ12 | 每根长 (cm) | | 1648.8 | 1648.8 |
| | | 根 数 | | 83 | 83 |
| | | 质 量 (kg) | | 1215.2 | 1215.2 |
| | N11 Φ12 | 每根长 (cm) | | 1482.6 | 1482.6 |
| | | 根 数 | | 97 | 97 |
| | | 质 量 (kg) | | 1277.1 | 1277.1 |
| | N12 Φ12 | 每根长 (cm) | | 4308.8 | 4308.8 |
| | | 根 数 | | 14 | 14 |
| | | 质 量 (kg) | | 535.7 | 535.7 |
| 合 计 | | HRB3350>10 (kg) | | 6053.4 | 6053.4 |
| | C30钢筋混凝土 (m³) | | | 290.0 | 290.0 |

立 面(示意)

基顶平面

桩 剖面

I—I 截面

承台正剖面

II—II 截面(III—III 截面)

标准弯钩

钢 筋 大 样

加强箍筋

一般箍筋

| 设 计 者 | | 改建铁路 增建第二线施工图 | 图 号 | 施桥13- |
|---|---|---|---|---|
| 复 核 者 | | DK+2(1-32m)预应力混凝土梁桥 | 比例尺 | 示意 |
| 审 核 者 | | 中桥桩基、承台构造及钢筋布置图 | 日 期 | |
| 审 定 者 | | | 第 张 共3张 | |

图 4-17 钻孔桩配筋图

# 项目五 隧道施工图识图

## 一、实训目的与要求

（1）掌握隧道工程图的基本组成部分，能够独立完成隧道工程施工图的识读。

（2）掌握隧道工程施工图的绘制方法，能够独立手绘并能够运用相关绘图软件绘制隧道工程施工图。

## 二、配套知识

### （一）隧道的定义

狭义上讲，隧道是用以保持地下空间作为交通孔道的工程建筑物，如图5-1的铁路隧道；广义上讲，隧道是以某种用途，在地面下用任何方法按规定形状和尺寸修筑的断面积大于 $2\ m^2$ 的洞室。

图 5-1　铁路隧道

### （二）隧道的基本构成

隧道主要由洞门、洞身及附属建筑物构成。

#### 1. 洞　门

洞门是位于隧道出入口处，用人工砌筑并加以一定建筑装饰的支挡结构物。主要作用是减少洞口土石方开挖量、稳定边坡、引离地表流水、装饰洞口。常见的洞门形式有如下几种。

##### 1）洞口环框式洞门

此种洞门不承载，主要起到加固和简单装饰洞口的作用，同时减少雨后洞口滴水，适用于围岩较好、地形陡峻而又无排水要求的情况，如图5-2所示。

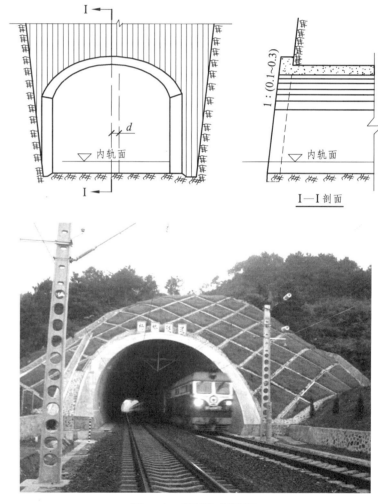

图 5-2　环框式洞门

2）端墙式洞门

此种洞门能有效抵抗山体纵向推力，端墙可以支护洞口仰坡，将仰坡水流汇集排出，适用于地形开阔、岩质基本稳定的Ⅰ～Ⅲ级围岩的情况，如图 5-3 所示。

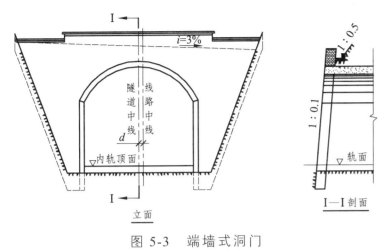

图 5-3　端墙式洞门

3）翼墙式洞门

此种洞门可以增加洞门的抗滑动和抗倾覆能力，适用于山体纵向推力较大、洞口地质较差的Ⅳ级及以上的围岩，如图 5-4 所示。

4）柱式洞门

此种形式洞门在端墙中部设置两个断面较大的柱墩，以增加端墙的稳定性，适用于地形较陡、地质条件较差、仰坡可能下滑，而又受地形或地质条件限制，不能设置翼墙的情况，如图 5-5 所示。

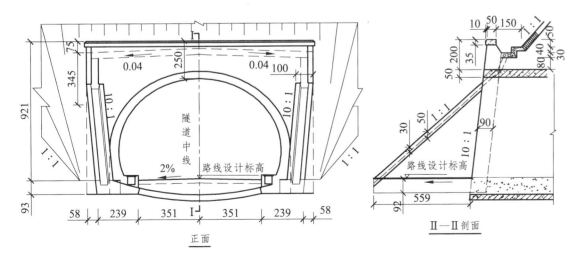

正面　　　　　　Ⅱ—Ⅱ剖面

图 5-4　翼墙式洞门

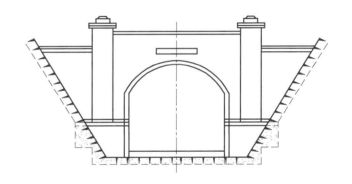

图 5-5　柱式洞门

## 5）台阶式洞门

此种洞门减小了仰坡高度及外露坡长，能够减少开挖量，适于傍山侧坡地区，洞门一侧边坡较高的情况，如图5-6所示。

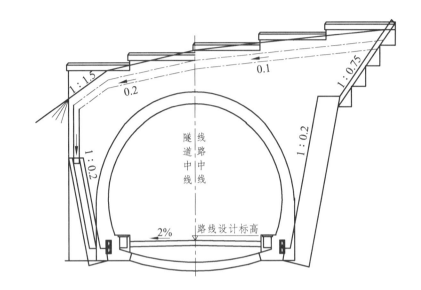

图5-6 台阶式洞门

## 6）削竹式洞门

采用此种形式洞门，洞口边仰坡开挖量少，能够减少对植被的破坏，有利于保护环境，围岩适应性较好，适用于洞口段有较长的明洞衬砌，由于洞门背后一定范围内是以回填土为主，山体推滑力不大的情况，如图5-7所示。

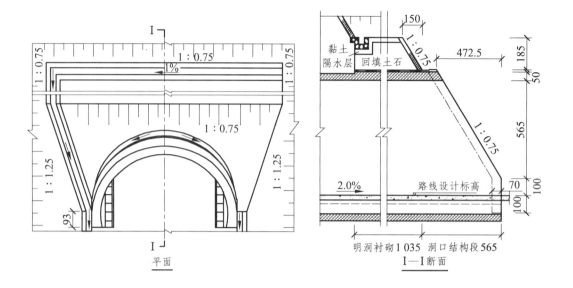

图5-7 削竹式洞门

## 2. 洞 身

隧道结构的主体部分，是列车通行的通道，主要由衬砌构成。从广义上讲，衬砌就是人工修筑的支护结构的统称，分为单层衬砌（整体式模筑混凝土衬砌）、装配式衬砌、锚喷式衬砌、复合式衬砌。

## 1）单层衬砌

采用混凝土或钢筋混凝土材料就地灌注而成，按传统松弛荷载理论设计和施作，对地质条件的适用性较强，易于按需要成型，整体性好，抗渗性强，并适用于多种施工条件，如可用木、钢模板或衬砌模板台车等施作，如图5-8所示。

## 2）装配式衬砌

装配式衬砌是将衬砌分解为若干块构件（也称管片），这些构件在现场或工厂预制，然后运到现场安装。适用于地质条件较好，围岩稳定，地下水很少，有场地，施工单位又有制造、运输和拼装衬砌的设备，并控制开挖和拼装工艺有一定经验时，或者采用盾构施工时的情况，如图5-9所示。

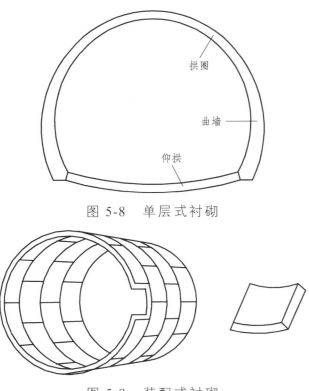

图 5-8　单层式衬砌

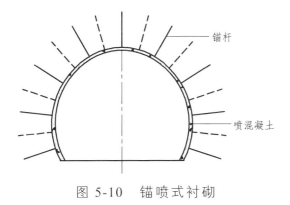

图 5-9　装配式衬砌

**3）锚喷式衬砌**

将掺有速凝剂的混凝土拌和料与水汇合成为浆状，喷射到坑道的岩壁上凝结而成，当岩壁不够稳定时，可加设锚杆、金属网和钢架，构成"锚喷式衬砌"，也称为"喷锚衬砌"。在 IV～VI 级围岩中不宜单独采用喷锚支护作永久衬砌，一般考虑在 I、II 级等围岩良好、完整、稳定的地段中采用，如图 5-10 所示。

图 5-10　锚喷式衬砌

**4）复合式衬砌**

复合式衬砌主要由初期支护和二次衬砌构成。初期支护是为了保证施工的安全、加固岩体和阻止围岩的变形、坍塌而设置的支护措施，常用支护形式有木支撑、型钢支撑、格栅支撑、锚喷支护等；二次衬砌是为了保证隧道使用的净空和结构的安全而设置的模注混凝土结构。复合式衬砌如图 5-11 所示。

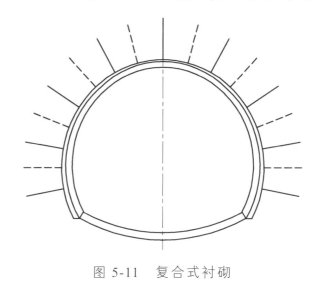

图 5-11　复合式衬砌

**3. 附属设施**

附属设施包括：为工作人员、行人及运料小车避让列车而修建的避人洞和避车洞；为防止和排除隧道漏水或结冰而设置的排水沟和盲沟；为机车排出有害气体的通风设备，电气化铁道的接触网、电缆槽等。

# 三、隧道工程施工图识读

## 1. 隧道洞门图

隧道洞门工程图，以帽檐斜切式洞门图为例，如图 5-12 所示，主要由以下各图组成：

（1）正面图：顺着线路的方向对隧道洞门进行投影形成。从图中可以看出洞门宽度为 1 416 cm，高度为 827 cm，洞门衬砌厚度为 70 cm，边坡护坡为 1：1，以及坡脚护墙的形式与尺寸，坡脚排水沟、洞门排水盲管的设置情况等。

（2）平面图：表达洞口平面的形状、洞门里程、隧路过渡段情况，以及洞口处汇水池、集水井和横向排水管的布置形式等。

（3）I—I 剖面：沿隧道中心剖切，从图中可以看出，洞门长度为 1 400 cm，斜切坡度为 1：1，帽檐高度为 163 cm 以及洞口里程位置等。

（4）II—II 断面：主要表达帽檐尺寸，以及帽檐与衬砌的连接情况。

### 2. 洞身衬砌结构图

洞身衬砌结构图，以 V 级围岩复合式衬砌图为例，如图 5-13 所示，主要由以下各图组成：

（1）复合式衬砌断面图，如图 5-13（a）所示，从图中可以看出初期支护厚度为 25 cm，二次衬砌厚度为 55 cm，且初期支护由钢筋网、锚杆、钢拱架以及喷射混凝土构成，所选用的材料参数等可以通过图中附表得到。

（2）初期支护钢拱架设计图，如图 5-13（b）所示，从图中可以看出初期支护钢拱架由 A、E 单元各 3 个，B、C、D 单元各 2 个，共 12 个单元构成，各单元之间通过夹板进行螺栓连接，每个单元的形式、位置、尺寸也可以从钢架组合示意图中直接看出。此外，从图中可以看出每榀钢拱架间距是 600 mm，钢拱架之间用纵向连接筋连接，且钢拱架是在初喷混凝土 4cm 后再架设。

（3）二次衬砌钢筋布置图，如图 5-13（c）所示，从图中可以看出二次衬砌环向主筋 φ22，间距 200 mm，纵向主筋 φ14，环向间距 250 mm，箍筋 φ8。此外，各种钢筋长度、弯钩情况也可以从钢筋大样图中直接看出。

### 3. 附属设施图

附属设施图，以防排水设计图为例，如图 5-14 所示，从图中可以看出隧道防排水系统主要由环向排水板、纵向排水管、止水带、排水侧沟、横向 PVC 排水管以及矩形的中央集水沟构成。环向排水板、纵向排水管在初期支护施作完成之后，土工布铺设之前安装，纵向排水管长约 10 m 一段，两端进行圆弯后直接入隧道侧沟，采用 HDPE φ107/96 双壁打孔波纹管。当水量较小时，直接通过排水侧沟排出；当水量较大时，还需通过横向 PVC 排水管排到中央集水沟，再通过中央集水沟统一排出洞外。此外，从图中可以看出防排水系统各接头的连接形式等。

## 四、实训项目

（1）请手绘出图 5-12、图 5-14。

（2）请利用 AutoCAD 绘制出图 5-13。

（3）请根据图 5-13（c）计算每千米二衬钢筋用量。

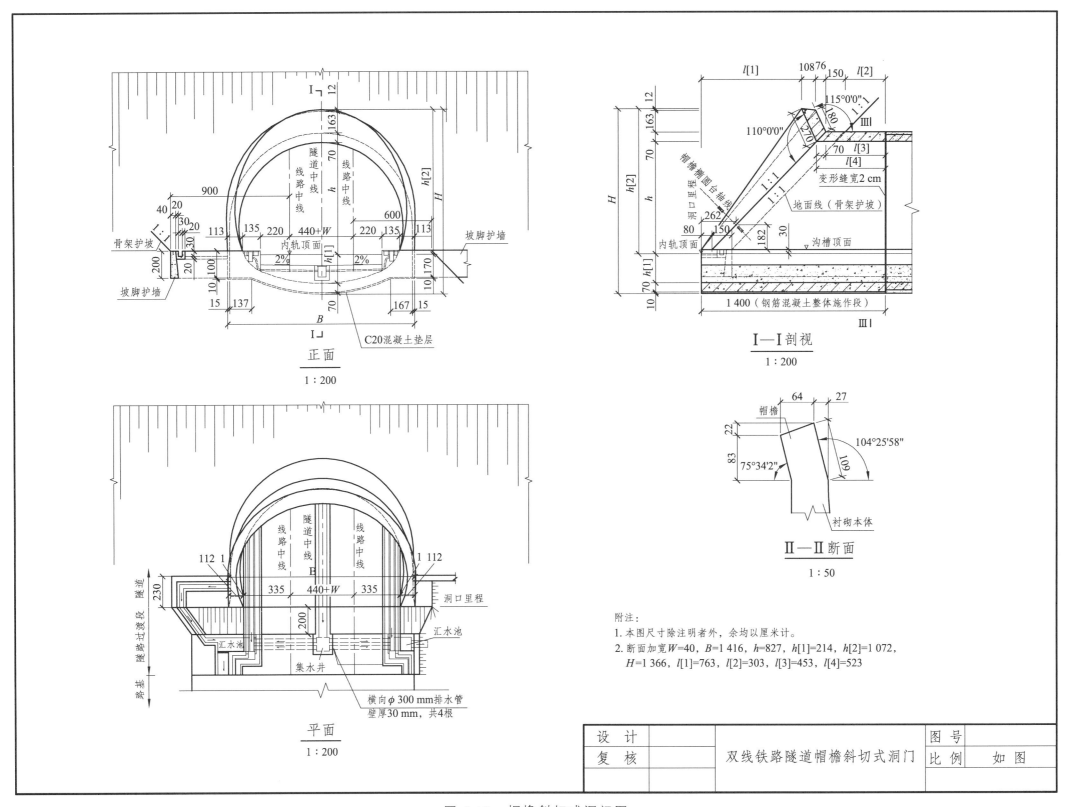

附注：
1. 本图尺寸除注明者外，余均以厘米计。
2. 断面加宽W=40，B=1 416，h=827，h[1]=214，h[2]=1 072，
H=1 366，l[1]=763，l[2]=303，l[3]=453，l[4]=523

| 设　计 | | | 双线铁路隧道帽檐斜切式洞门 | 图　号 | |
| 复　核 | | | | 比　例 | 如　图 |
| | | | | | |

图 5-12　帽檐斜切式洞门图

## 初期支护参数表

| 喷混凝土 | | φ8钢筋网 | | 锚 杆 | | | 钢 架 | | |
|---|---|---|---|---|---|---|---|---|---|
| 设置部位 | 厚度(cm) | 混凝土强度等级 | 设置部位 | 网格间距(cm) | 设置部位 | 长度(m) | 间距(m) | 规格 | 设置部位 | 间距(m) |

| 设置部位 | 厚度(cm) | 混凝土强度等级 | 设置部位 | 网格间距(cm) | 设置部位 | 长度(m) | 间距(m) | 规格 | 设置部位 | 间距(m) |
|---|---|---|---|---|---|---|---|---|---|---|
| 拱墙 | 25 | C30 | 拱墙 | 20×20 | 拱部/— | 4.0/— | 1.5×1.5（环×纵）/— | HW175 | 全环 | 0.6 |
| 仰拱 | 25 | C25 | | | 边墙 | 4.0 | 1.2×1.0（环纵） | | | |

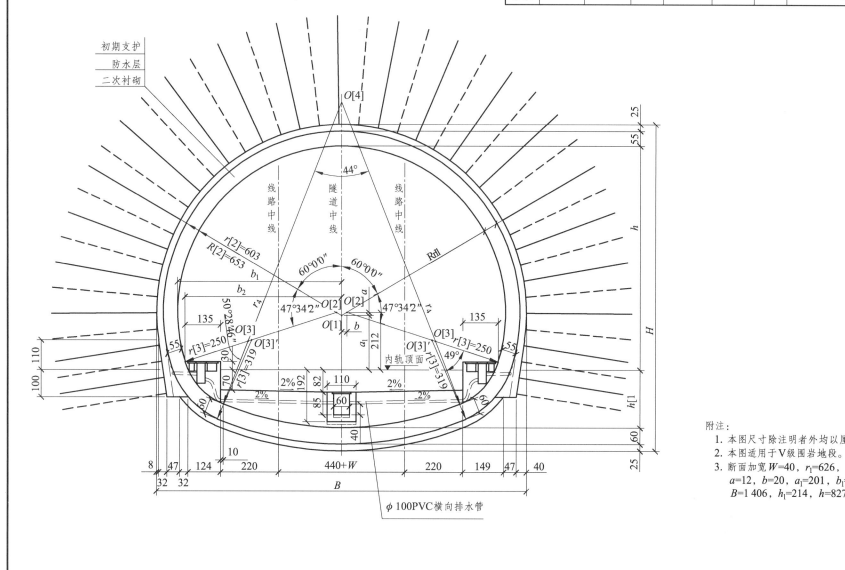

附注：
1. 本图尺寸除注明者外均以厘米计。
2. 本图适用于V级围岩地段。
3. 断面加宽W=40，$r_1$=626，$R_1$=681，$r_4$=1 204，
   $a$=12，$b$=20，$a_1$=201，$b_1$=623，$b_2$=595，
   $B$=1 406，$h_1$=214，$h$=827，$H$=1 206

| 设 计 | | 双线隧道V级围岩 复合式衬砌断面图 | 图 号 | |
|---|---|---|---|---|
| 复 核 | | | 比 例 | 1：100 |
| | | | 页 次 | |

（a）复合式衬砌断面图

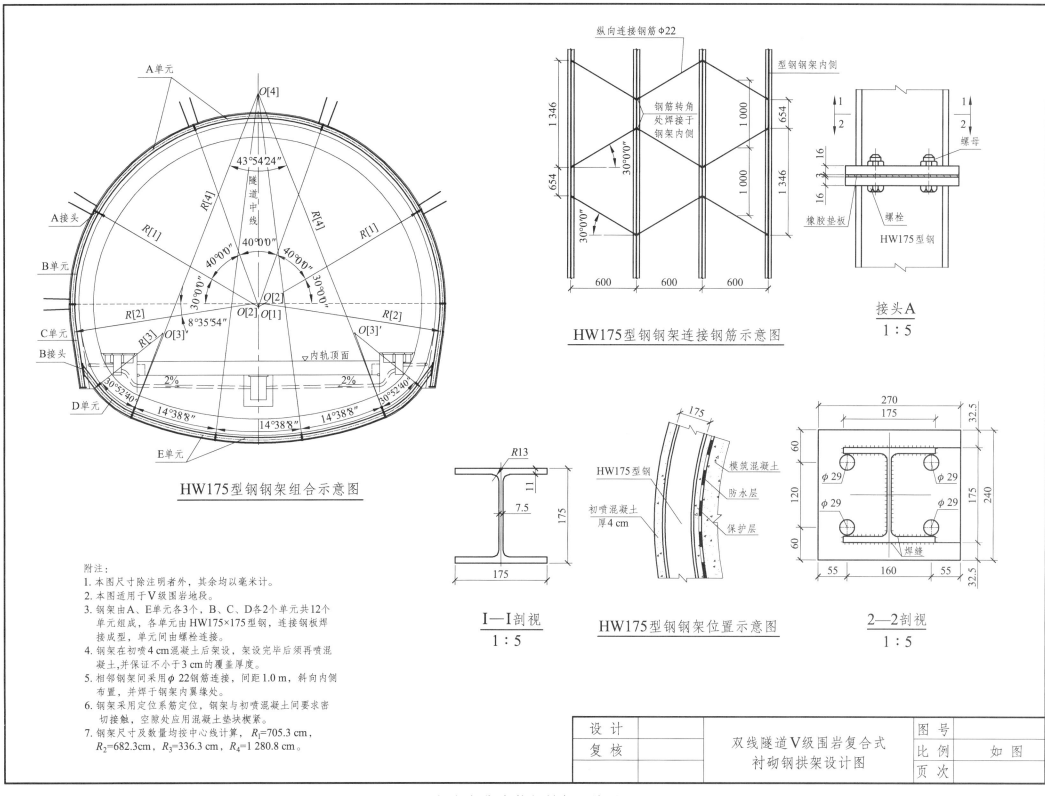

纵向连接钢筋Φ22

型钢钢架内侧

钢筋转角
处焊接于
钢架内侧

**HW175型钢钢架连接钢筋示意图**

接头A
1:5

螺母

橡胶垫板

螺栓

HW175型钢

**HW175型钢钢架组合示意图**

A单元
A接头
B单元
C单元
B接头
D单元
E单元

隧道中线
内轨顶面

**I—I剖视**
1:5

HW175型钢
模筑混凝土
防水层
初喷混凝土
厚4 cm
保护层

**HW175型钢钢架位置示意图**

焊缝

**2—2剖视**
1:5

附注:
1. 本图尺寸除注明者外,其余均以毫米计。
2. 本图适用于Ⅴ级围岩地段。
3. 钢架由A、E单元各3个,B、C、D各2个单元共12个
   单元组成,各单元由HW175×175型钢,连接钢板焊
   接成型,单元间由螺栓连接。
4. 钢架在初喷4 cm混凝土后架设,架设完毕后须再喷混
   凝土,并保证不小于3 cm的覆盖厚度。
5. 相邻钢架间采用φ22钢筋连接,间距1.0 m,斜向内侧
   布置,并焊于钢架内翼缘处。
6. 钢架采用定位系筋定位,钢架与初喷混凝土间要求密
   切接触,空隙处应用混凝土垫块楔紧。
7. 钢架尺寸及数量均按中心线计算,R₁=705.3 cm,
   R₂=682.3cm,R₃=336.3 cm,R₄=1 280.8 cm。

| 设 计 | | 双线隧道Ⅴ级围岩复合式<br>衬砌钢拱架设计图 | 图 号 | |
|---|---|---|---|---|
| 复 核 | | | 比 例 | 如 图 |
| | | | 页 次 | |

(b)初期支护钢拱架设计图

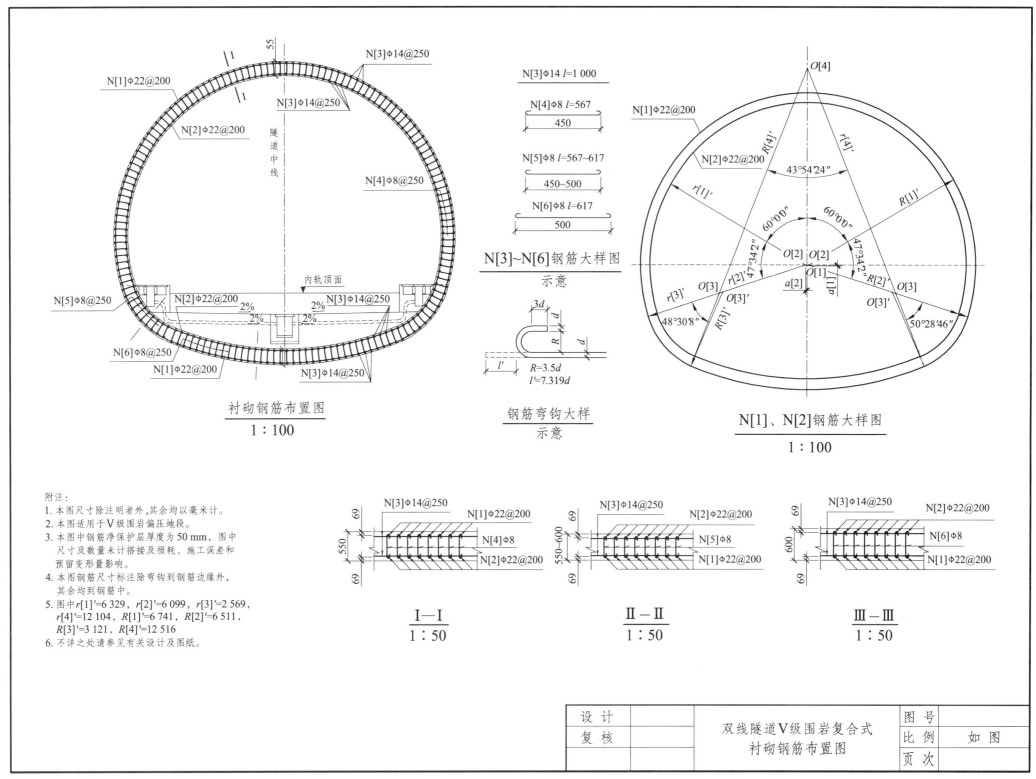

附注：
1. 本图尺寸除注明者外，其余均以毫米计。
2. 本图适用于V级围岩偏压地段。
3. 本图中钢筋净保护层厚度为50 mm，图中尺寸及数量未计搭接及损耗、施工误差和预留变形量影响。
4. 本图钢筋尺寸标注除弯钩到钢筋边缘外，其余均到钢筋中。
5. 图中 $r[1]'=6\,329$，$r[2]'=6\,099$，$r[3]'=2\,569$，$r[4]'=12\,104$，$R[1]'=6\,741$，$R[2]'=6\,511$，$R[3]'=3\,121$，$R[4]'=12\,516$。
6. 不详之处请参见有关设计及图纸。

衬砌钢筋布置图
1：100

N[3]～N[6]钢筋大样图
示意

钢筋弯钩大样
示意

N[1]、N[2]钢筋大样图
1：100

Ⅰ－Ⅰ
1：50

Ⅱ－Ⅱ
1：50

Ⅲ－Ⅲ
1：50

| 设　计 | | 双线隧道V级围岩复合式衬砌钢筋布置图 | 图　号 | |
|---|---|---|---|---|
| 复　核 | | | 比　例 | 如　图 |
| | | | 页　次 | |

（c）二次衬砌钢筋布置图

图 5-13　洞身衬砌结构图

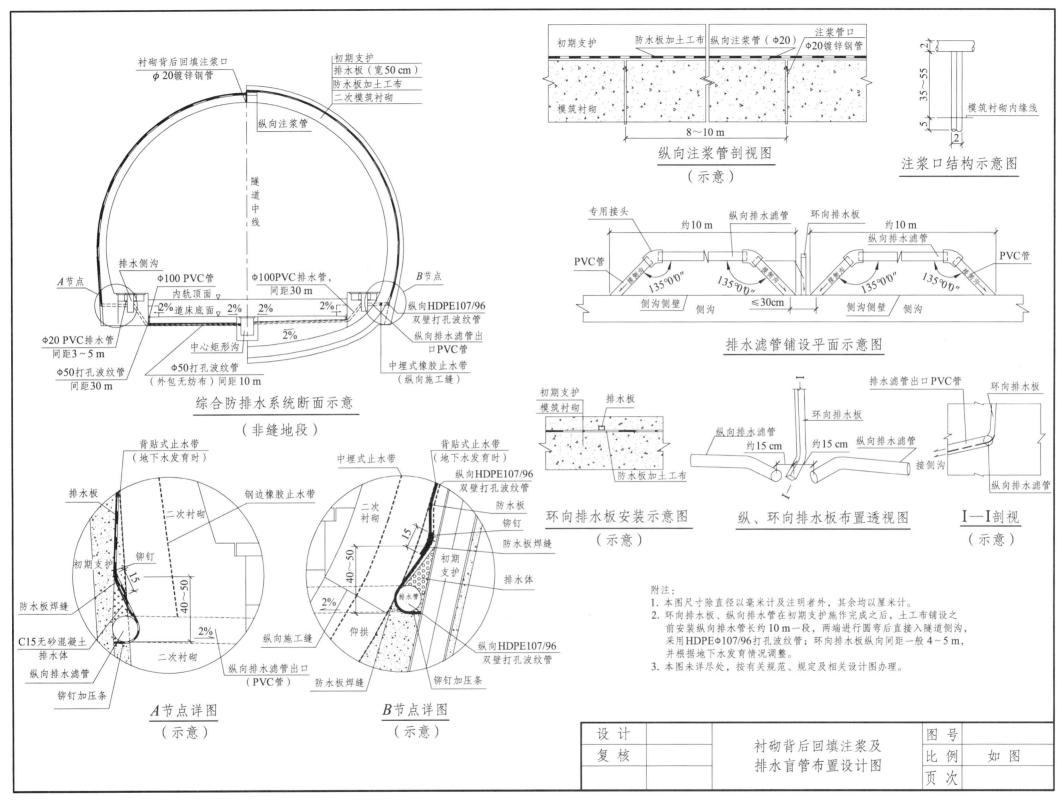

图 5-14  隧道防排水设计图

# 项目六  涵洞施工图识图

## 一、实训目的与要求

（1）掌握铁路和公路涵洞施工图识读的方法，能够独立完成实际铁路涵洞施工图的识读。

（2）掌握涵洞工程施工图的绘制方法，能够独立手绘并能够运用相关绘图软件绘制涵洞工程施工图。

（3）理解涵洞的构造。

（4）培养严谨、认真学习工作的习惯。

## 二、配套知识

### （一）基础知识

#### 1. 涵洞的概念

涵洞是埋设在路基下的建筑物，其轴线与线路方向正交或斜交，用来从道路一侧向另一侧排水或作为行人或车辆穿越铁路或公路的横向通道。涵洞与桥梁的主要区别在于跨径的大小和填土的高度。根据《工程技术标准》中的规定，凡是单孔跨径小于 5 m，多孔跨径总长小于 8 m，以及圆管涵、箱涵，不论其管径或跨径大小、孔数多少均称为涵洞。涵洞顶上一般都有较厚的填土，洞顶填土大于 50 cm。涵洞虽小，但数量庞大，铁路和公路线路上每几十米就有 1 个，总的工程造价大，维修和养护工作量也很大。

#### 2. 涵洞的分类

（1）按照构造形式，涵洞可分为圆管涵、拱涵、盖板涵、箱涵，工程上多用此分法。

（2）按照填土情况不同，涵洞可以分为明涵和暗涵。

（3）按照使用建筑材料，涵洞可分为砖涵、石涵、混凝土涵及钢筋混凝土涵等。

（4）按照孔数，涵洞可分为单孔、双孔和多孔。

拱涵主要由拱圈、护拱、涵台、基础、铺底、沉降缝及排水设施组成。箱涵主要由钢筋混凝土涵身、翼墙、基础、变形缝等组成。

#### 3. 涵洞的构造

涵洞一般由基础、洞身、洞口（出口和入口）和附属建筑物组成。洞口是洞身、路基、河道三者的连接构造物。洞口的作用，一方面使涵洞与河道顺接，使水流进出顺畅，另一方面确保路基边坡稳定，使之免受水流冲刷。洞身是涵洞的主要部分，它应具有保证设计流量通过的必要孔径，同时又要求本身坚固而稳定。洞身的作用，一方面保证水流通过，另一方面也直接承受荷载压力和填土压力，并将其传递给地基。洞身通常由承重结构（如拱圈、盖板等）、涵台、基础以及防水层、伸缩缝等部分组成。附属工程一般包括沟床铺砌和锥体护坡等。

（1）圆管涵主要由管身、基础、接缝及防水层构成。

（2）拱涵主要由拱圈、护拱、涵台、基础、铺底、沉降缝及排水设施组成。

（3）盖板涵主要由盖板、涵台、洞身铺底、伸缩缝、防水层等构成。

（4）箱涵主要由钢筋混凝土涵身、翼墙、基础、变形缝等组成。

### （二）涵洞各个组成部件立体图认识

#### 1. 洞口形式

如图 6-1～6-4 所示。

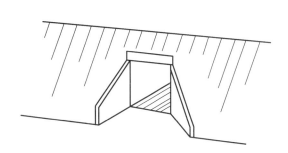

图 6-1  八字墙式洞口

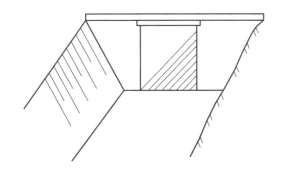

图 6-2 端墙式洞口

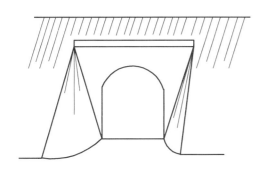

图 6-3 锥坡式洞口

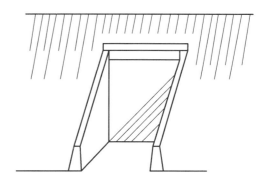

图 6-4 直墙式洞口

## 2. 涵洞立体图

如图 6-5～6-13 所示。

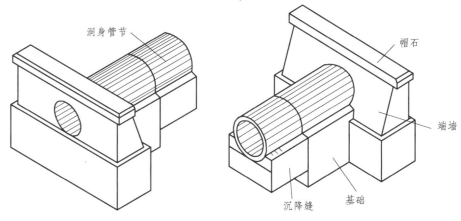

图 6-5 圆管涵立体图（一）

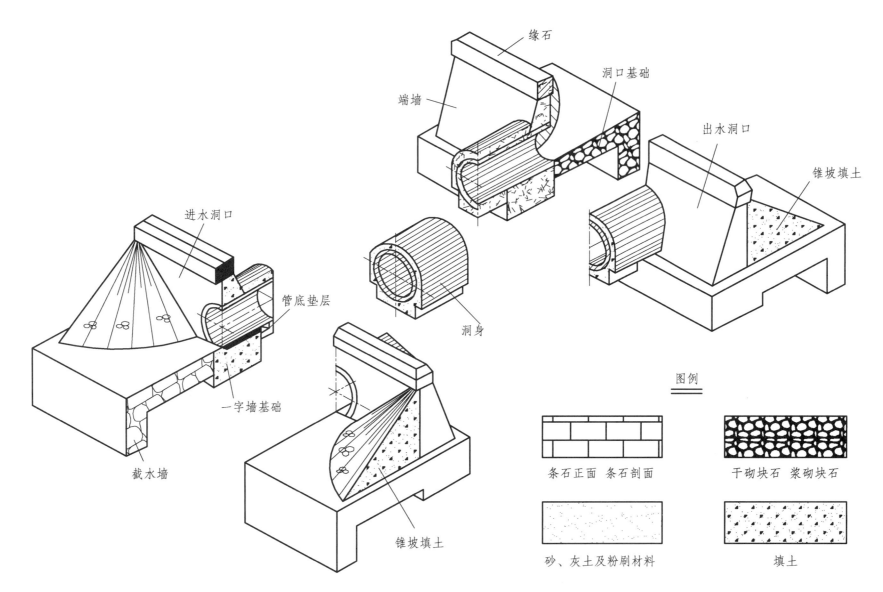

缘石

洞口基础

端墙

出水洞口

锥坡填土

进水洞口

管底垫层

洞身

一字墙基础

截水墙

锥坡填土

图例

条石正面 条石剖面

干砌块石 浆砌块石

砂、灰土及粉刷材料

填土

图 6-6　圆管涵立体图（二）

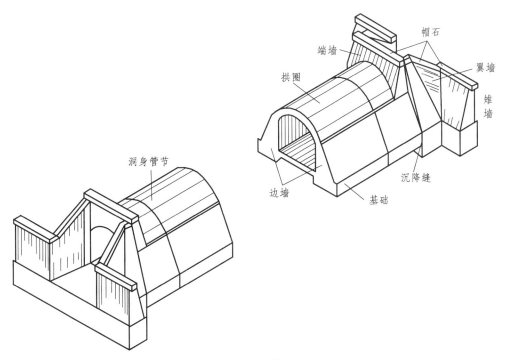

图 6-7　拱涵立体图（一）

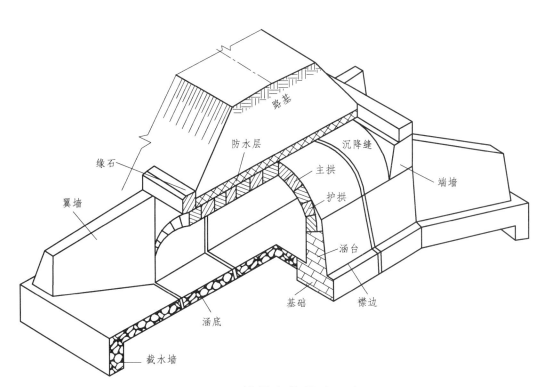

图 6-8　拱涵立体图（二）

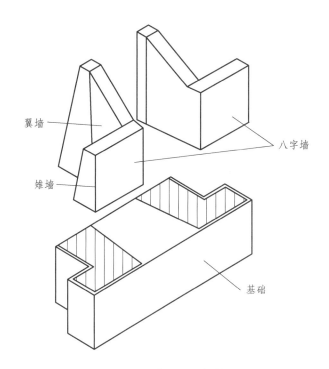

图 6-9　出入口立体图

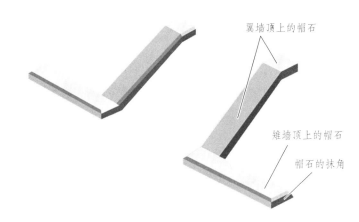

图 6-10　雉墙和翼墙顶上的帽石模型图

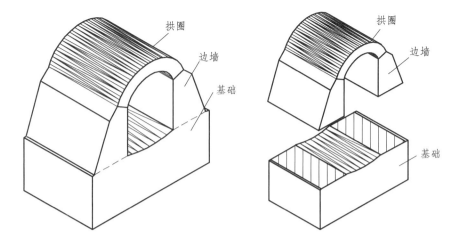

图 6-11　洞身节段立体图

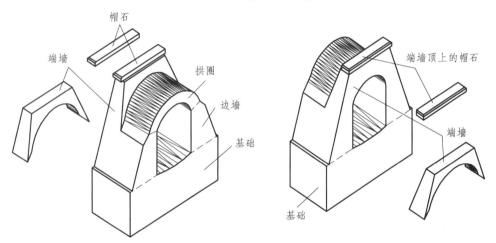

图 6-12　涵洞端节立体图

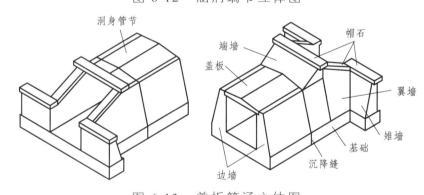

图 6-13　盖板箱涵立体图

## （三）涵洞各个组成部件投影图认识

如图 6-14～6-22 所示。

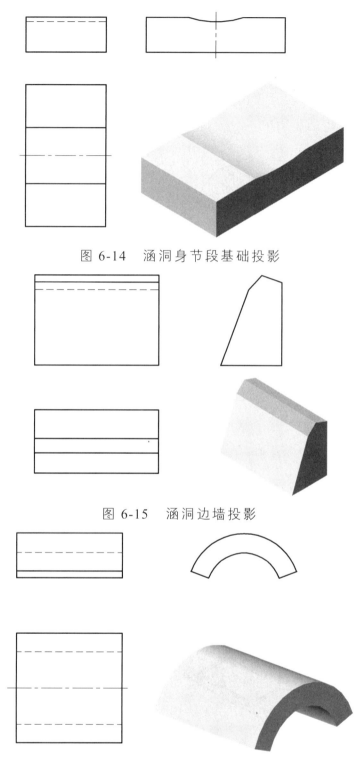

图 6-14　涵洞身节段基础投影

图 6-15　涵洞边墙投影

图 6-16　拱圈投影

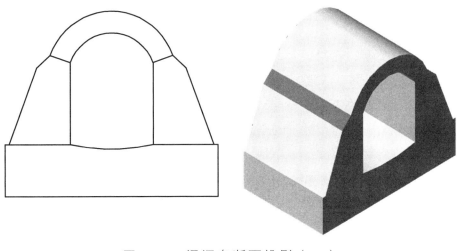

图 6-17 涵洞身断面投影（一）

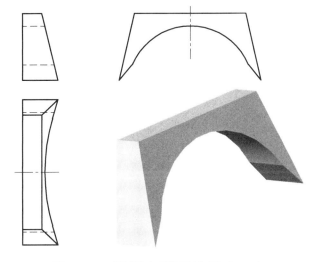

图 6-18 涵洞身断面投影（二）

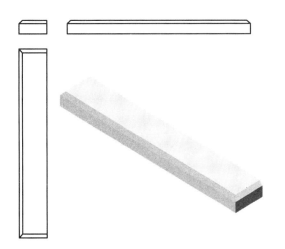

图 6-19 端墙顶帽石投影

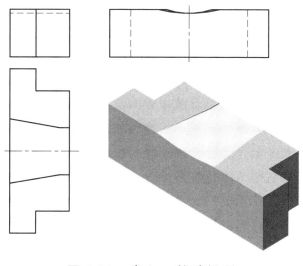

图 6-20 出入口基础投影

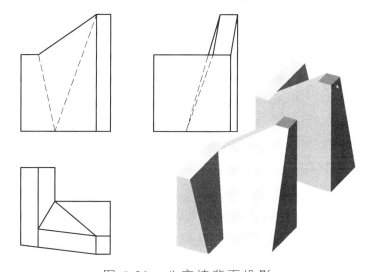

图 6-21 八字墙背面投影

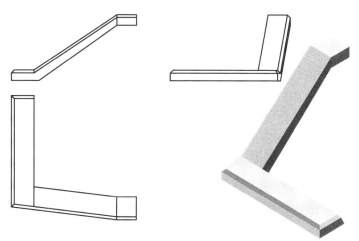

图 6-22 八字墙帽石投影

## 三、涵洞施工图识读

### 1. 涵洞施工图的图示方法

涵洞是狭长的构造物，以水流方向为纵向，从左向右，以纵剖面图代替立面图。平面图采用掀土画法，不考虑洞顶的覆土，需要时可画成半剖面图，水平剖切面通常设在基础顶面处。侧面图也就是洞口立面图，若进、出水口形状不同，则两个洞口的侧面图都要画出，也可以用点画线分界，采用各画一半合成的进出水口立面图，需要时也可增加横剖面图，或将侧面图画成半剖面图。

施工图纸中可能遇到的图纸类型说明如下：

（1）纵剖面图：主要表达涵洞口的基本形式，缘石、盖板、翼墙、截水墙、基础等的相互关系，宽度和高度尺寸反映各个构件的大小和相对位置。

（2）平面图：表达进出水口的形式和形状、大小，缘石的位置，翼墙角度，路基与边坡的情况等。

（3）立面图：以水流从左向右为纵向，表达洞身、洞口、路基及它们之间的相互关系。

（4）断面图：显示涵洞洞口的细部构造及盖板的宽度尺寸。

（5）出入口正面图：出入口的正面形状和尺寸、锥体护坡的横向坡度。

（6）半基顶剖面图：涵洞的孔径，边墙和八字墙底面的位置及宽度，基础的平面形状和尺寸等。

（7）半平面：出入口八字墙的平面形状和尺寸、端墙的平面形状和尺寸。

（8）中心纵剖面：涵洞与路基及附属建筑物的关系，涵洞的总节数（断开画法）、每节长度、沉降缝宽度等，涵洞在高度方向各组成部分的情况。如：基础、拱圈、黏土防护层的厚度；内外起拱线、流水净空的高度；八字墙的组成；涵洞的流水坡度、基础顶面标高、路基边坡、锥体护坡、沟床铺砌情况等。

### 2. 涵洞施工图的识读步骤

（1）阅读标题栏和说明，了解涵洞的类型、孔径、比例、单位、材料等。

（2）看清所采用的视图及其相互关系。

（3）按照涵洞的各组成部分，看懂它们的结构形式，明确其尺寸大小、洞身、出口和入口、锥体护坡和沟床铺砌等。

（4）通过上述分析，想象出涵洞的整体形状和各部分尺寸大小。

### 3. 涵洞图的识读内容

（1）涵洞的类型、孔径。

（2）涵洞的总长度、节数、每节长度、沉降缝宽度。

（3）路堤与涵洞的关系、回填纯净黏土层厚度。

（4）洞身节的形状和尺寸——基础、边墙、拱圈。

（5）端墙的形状和尺寸——端墙、帽石。

（6）出入口的形状和尺寸——基础、翼墙、雉墙、帽石。

（7）锥体护坡和沟床铺砌。

## 四、实训示例

图 6-23～6-26 为拱涵一般构造施工图纸，图 6-27、6-28 为箱涵一般构造施工图纸，图 6-29、6-30 为圆管涵一般构造施工图纸，图 6-31 为盖板涵的构造总图。以图 6-23、6-26 为例，部分识读内容示例如下。

### 1. 涵洞的类型和孔径

涵洞为拱涵，图中单位为 cm，拱高度为 70 cm，孔径为 2 m。

### 2. 出入口的形式

出入口为八字墙，八字墙在出口和入口纵向长度不同，入口长度 2.5 m，出口长度 2.9 m，同时有锥体护坡。

### 3. 涵洞基础尺寸和材料

涵洞洞身和八字墙基础为混凝土扩大基础，一个台阶形式，洞身基础平面高为（1.9+1.1+1.1+1.1+1.1+1.9）m，长为（2.2+3+3+3+3+2.2）m，宽度为 5.1 m，洞身各节段之间有沉降缝。八字墙基础为混凝土扩大基础，一个台阶形式，基础高为 1.9 m，形状为八字形，其纵向长度尺寸大于八字墙两端各 10 cm。

### 4. 涵洞洞身边墙尺寸

边墙高 1.9 m，宽 1.45 m，长为（2.2+3+3+3+3+2.2）m。

### 5. 涵洞沉降缝

涵洞总共有 5 条上下贯通涵洞结构和基础的沉降缝，宽度为 3 cm。

### 6. 涵洞拱顶厚度和防水层厚度

拱顶厚度也就是拱圈混凝土厚度，为 50 cm，拱顶上 5 cm 防水层上覆盖有 20 cm 后的黏土层。

### 7. 帽石尺寸

涵洞洞身端接边缘和八字墙顶都修筑有帽石，即边缘石，可以用混凝土或料石砌筑，其高度为 20 cm，宽 40 cm，边缘有 5 cm 的抹角。

### 8. 护　锥

护锥基础为碎石，厚度根据出入口土层情况和施工规范，一般要求 10～20 cm 即可。

### 9. 出入口尺寸

拱涵入口总宽度为 6.9 m，出口总宽度为 6.3 m，总建筑高度都为 3.6 m，锥体护坡的横向坡度达到了 1∶1。

### 10. 1—1 和 2—2 剖面的方向

1—1 剖面的投影方向为出口，2—2 剖面的投影方向为出口。

## 五、实训项目

（1）请手绘出图 6-26。

（2）请利用 AutoCAD 绘制出图 6-23、图 6-24、图 6-25。

（3）请问工程施工图纸中的三视图和工程制图学科中的三视图含义是否相同？

（4）涵洞洞内纵向路面坡度是多少？

（5）涵洞基础和洞身结构是否有纵坡？

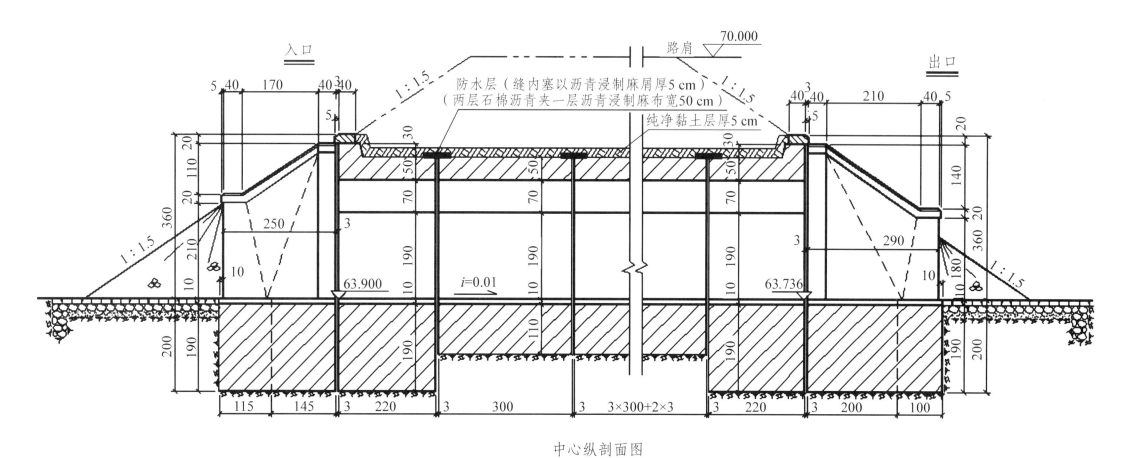

中心纵剖面图

图 6-23　拱涵中心纵剖面图

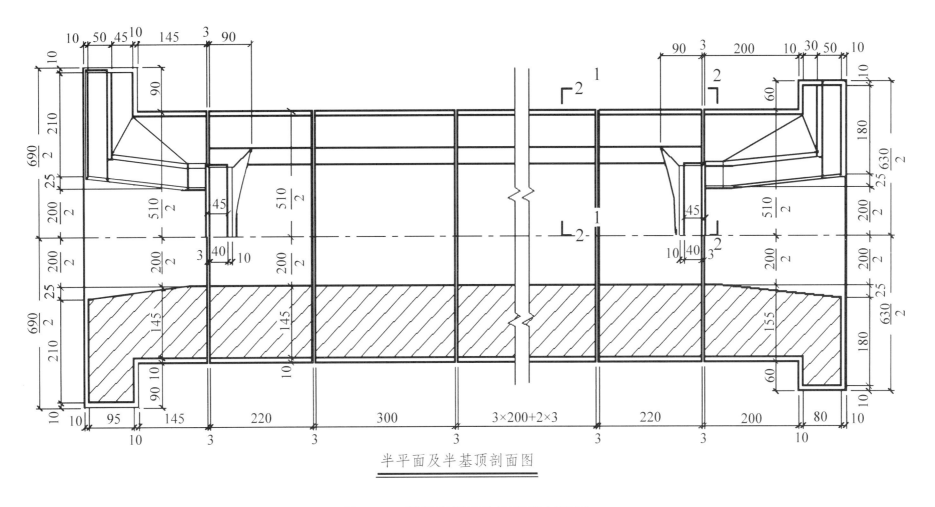

半平面及半基顶剖面图

图 6-24　拱涵半平面和半基顶剖面图

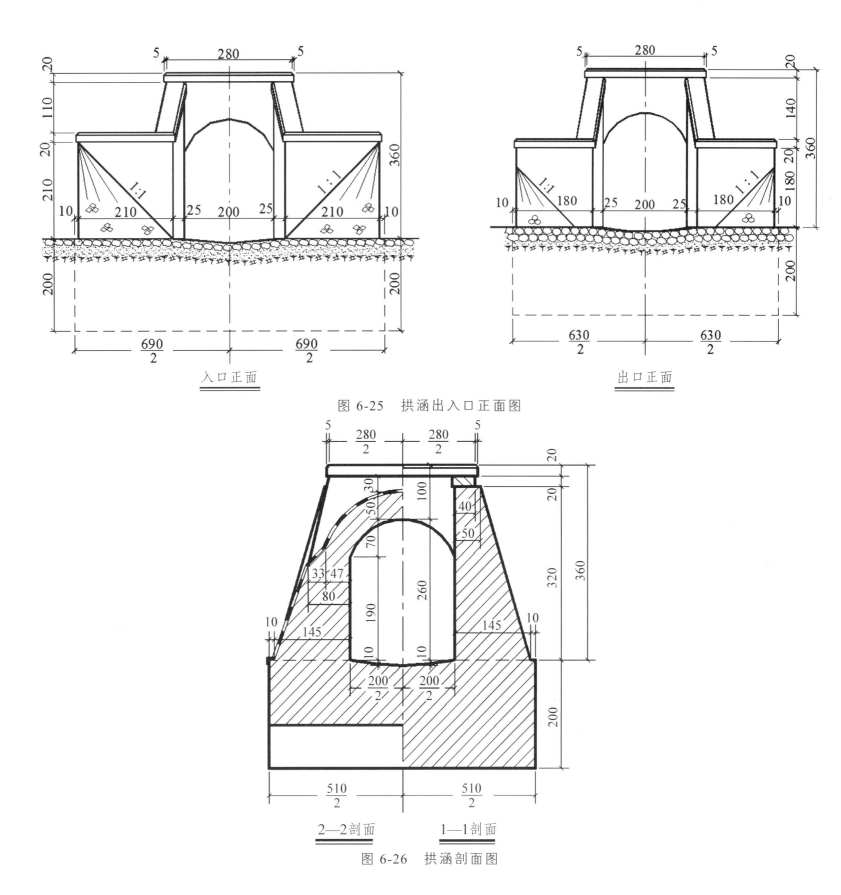

图 6-25 拱涵出入口正面图

入口正面

出口正面

2—2剖面　　1—1剖面

图 6-26 拱涵剖面图

## 剖 面

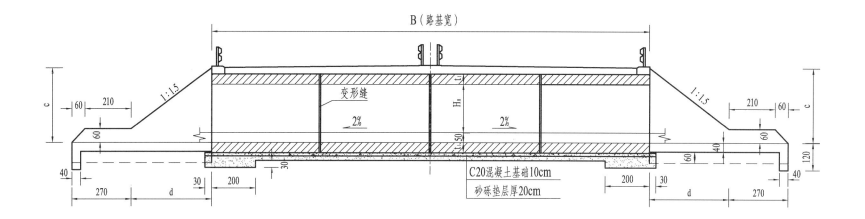

B（路基宽）

变形缝

2%  2%

C20混凝土基础10cm
砂砾垫层厚20cm

## 平 面

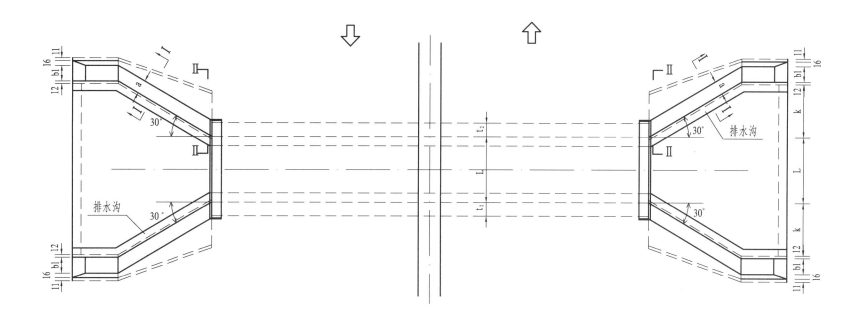

排水沟

排水沟

排水沟

排水沟

30°  30°

30°  30°

图 6-27　箱涵剖面图和平面图

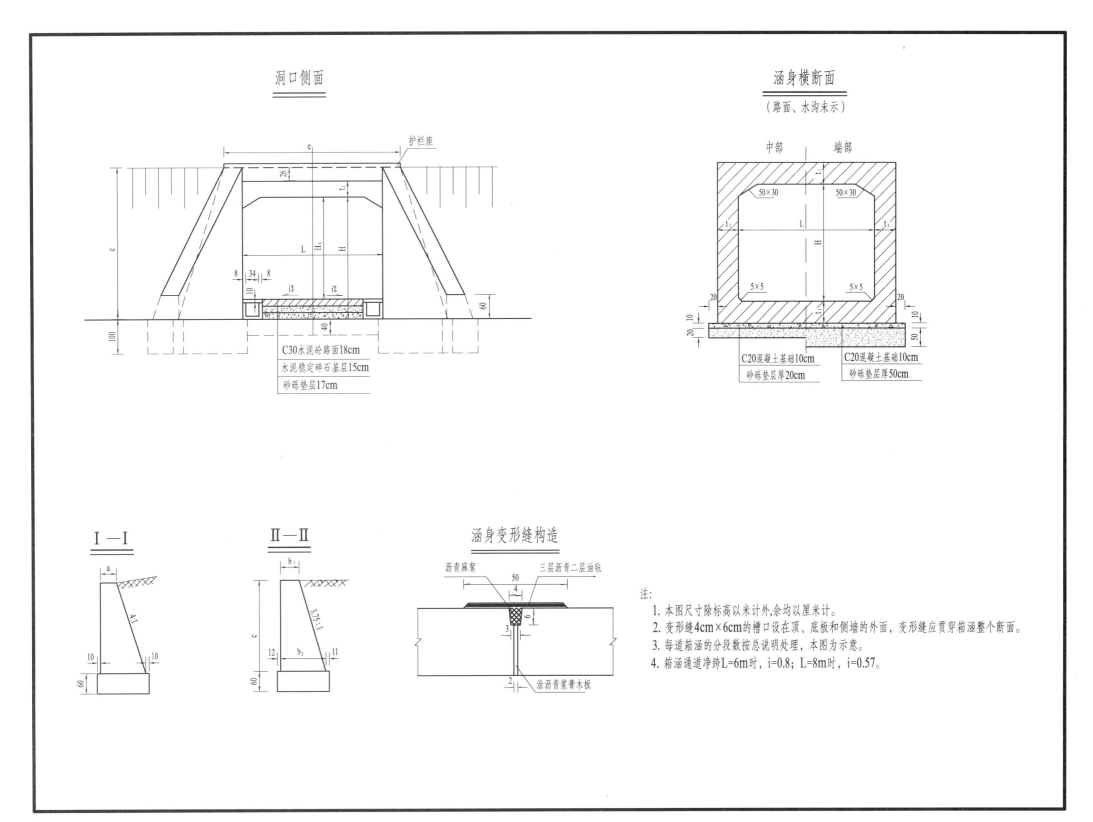

图 6-28　箱涵断面图和洞口侧面图

## I—I 剖面图
1:200

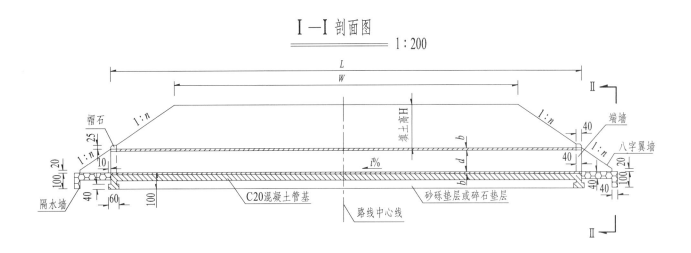

## 平　面
1:200

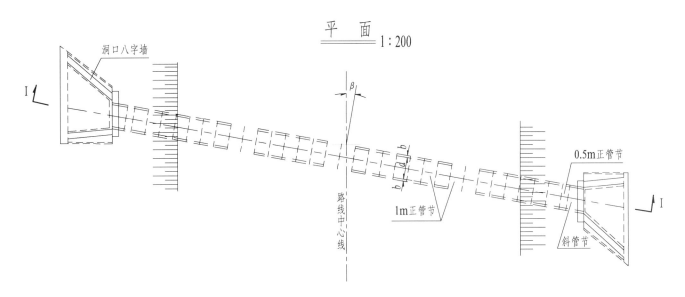

图 6-29　圆管涵平面和剖面图

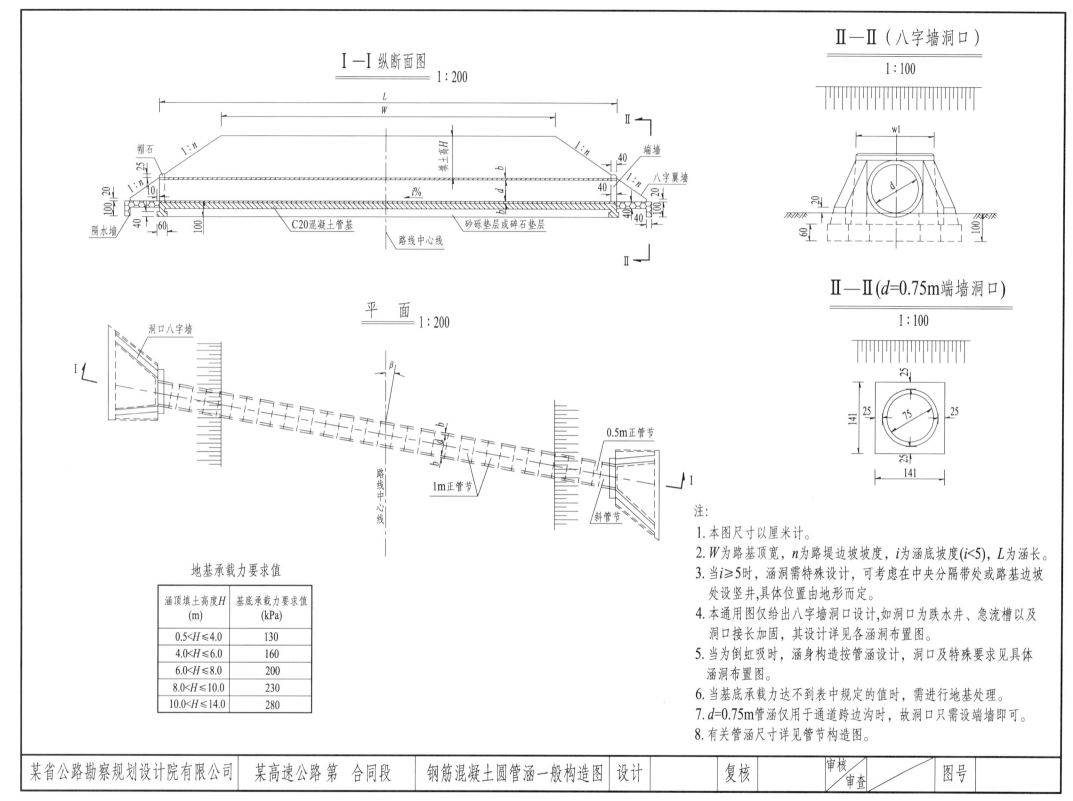

## I—I 纵断面图
1:200

## 平面
1:200

## II—II（八字墙洞口）
1:100

## II—II (d=0.75m端墙洞口)
1:100

### 地基承载力要求值

| 涵顶填土高度H (m) | 基底承载力要求值 (kPa) |
|---|---|
| 0.5<H≤4.0 | 130 |
| 4.0<H≤6.0 | 160 |
| 6.0<H≤8.0 | 200 |
| 8.0<H≤10.0 | 230 |
| 10.0<H≤14.0 | 280 |

注：
1. 本图尺寸以厘米计。
2. W为路基顶宽，n为路堤边坡坡度，i为涵底坡度(i<5)，L为涵长。
3. 当i≥5时，涵洞需特殊设计，可考虑在中央分隔带处或路基边坡处设竖井,具体位置由地形而定。
4. 本通用图仅给出八字墙洞口设计,如洞口为跌水井、急流槽以及洞口接长加固，其设计详见各涵洞布置图。
5. 当为倒虹吸时，涵身构造按管涵设计，洞口及特殊要求见具体涵洞布置图。
6. 当基底承载力达不到表中规定的值时，需进行地基处理。
7. d=0.75m管涵仅用于通道跨边沟时，故洞口只需设端墙即可。
8. 有关管涵尺寸详见管节构造图。

| 某省公路勘察规划设计院有限公司 | 某高速公路第 合同段 | 钢筋混凝土圆管涵一般构造图 | 设计 | | 复核 | | 审核/审查 | | 图号 |
|---|---|---|---|---|---|---|---|---|---|

图 6-30　圆管涵洞口构造图

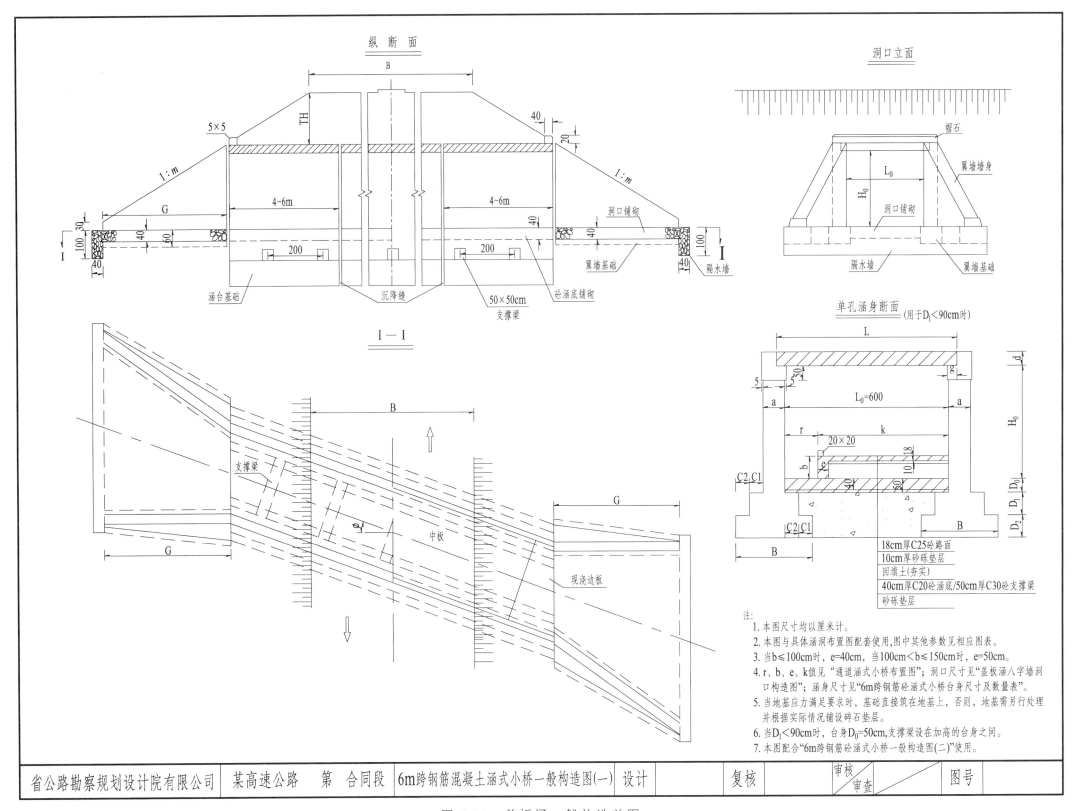

纵断面

洞口立面

I — I

单孔涵身断面 (用于D₁<90cm时)

18cm厚C25砼路面
10cm厚砂砾垫层
回填土(夯实)
40cm厚C20砼涵底/50cm厚C30砼支撑梁
砂砾垫层

注:
1. 本图尺寸均以厘米计。
2. 本图与具体涵洞布置图配套使用,图中其他参数见相应图表。
3. 当b≤100cm时, e=40cm, 当100cm<b≤150cm时, e=50cm。
4. r、b、e、k值见 "通道涵式小桥布置图";洞口尺寸见"盖板涵八字墙洞口构造图";涵身尺寸见"6m跨钢筋砼涵式小桥台身尺寸及数量表"。
5. 当地基应力满足要求时,基础直接筑在地基上,否则,地基需另行处理并根据实际情况铺设碎石垫层。
6. 当D₁<90cm时,台身D₀=50cm,支撑梁设在加高的台身之间。
7. 本图配合"6m跨钢筋砼涵式小桥一般构造图(二)"使用。

| 省公路勘察规划设计院有限公司 | 某高速公路 第 合同段 | 6m跨钢筋混凝土涵式小桥一般构造图(一) | 设计 | | 复核 | | 审核 审查 | | 图号 | |

图 6-31 盖板涵一般构造总图